最強のディズニーレッスン

世界中のグローバルエリートが
ディズニーで学んだ
50箇条の魔法の仕事術

ムーギー・キム
&プロジェクト・ディズニー 著

三五館シンシャ

ビジネス書に夢を、ディズニー書に学びを――はじめに

〈世界中のグローバルエリートたちが、ディズニーから学んだ教訓を一冊に
～起業家精神・企業戦略・法律／契約・サービスの神髄〉

「今更なんで、この私がディズニー本……?・」

これは、本書を手に取られた方が真っ先に思われる印象ではなかろうか。

今をさかのぼること5年以上前、私が大昔書いた、ディズニーランド・パリをちゃかした冗談コラムを真に受けて、とある出版社のウォルト中野さん（仮名）が訪ねて来られた。とにかく、私にディズニーの本を書いてほしいのだと。〝パレードに出てくる青い毛むくじゃらの誰かわからへん動物〟などとろくにキャラクターの名前も覚えていない私が書いた適当なコラムだったのだが、とにかく私のディズニー愛を感じたのだと。

「なんでディズニーなんですか」とやんわりとお断りしようと思って難色を示したのだが、その日から頭の中がディズニーで一杯の自分に気づいた。そういえば私、世界中のディ

ズニーランドに行ったし、映画もたいがい観てきた。よく見れば本棚もディズニー関連本ばかりではないか。これは世間的に見れば、立派なディズニーオタクの域に達しているのではないかと。

しかし、ごまんといるディズニー出身者が埋め尽くす〝ディズニー感動本〟のレッドオーシャンの中で、私のようなディズニー好きのオッサンが付加価値を出すにはどのようにしたらいいのだろうか。そのためには、ディズニー映画で主人公のミッキーがミニーやドナルドなどの仲間とともに冒険するように、私も強力な仲間を呼び寄せてチームをつくり、徹底調査の大冒険に出るしかないはずだ。

そこで、ＳＮＳでためしに「一緒に書きたい人」を募ったら、来るわ来るわ……こんなにディズニー本を書きたいという人がたくさんいるとは思わなかった。

なかにはハーバードのビジネススクールでディズニーの戦略を学んできた大学の先輩もいれば、オックスフォードで学ぶ弁護士で、昔ディズニーの駐車場でバイトしていた大学の後輩もいた。他にも、「私、昔ディズニーで働いていた」やら、「私、ディズニーファン歴50年です」やら、とにかくディズニーについて一言物申したい経験者が私のＳＮＳに殺到したのだ。

「どんだけみんなディズニーに一言モノ申したいねん！」と驚くとともに、私の中に「いま、私こそがディズニー本を執筆しなければならない」という情熱と勇気が、ふつふつと湧き起こってきたのであった。

インシアード、ハーバード、オックスフォードの同窓生コミュニティにいる、世界中のディズニーで働く経験者に徹底的に取材をすれば、よくあるディズニーランド勤務経験者一人による個人的な見解ではなく、複合的でグローバルな観点から、ビジネスや生き方に関する面白い知見を得られるだろう。

また、世にあふれるすべてのディズニー書籍や論文を読み込んだうえで、特に洞察の深いディズニー・ベストセラーの著者を回って徹底的に議論をしたら、何か新しい夢の世界が見えてくるはずだ。そして、とにかく「これだけ長い間、継続的に高成長を続けるディズニー社の英知」を一冊にまとめたビジネス書・自己啓発書を書いてみたくなったのだ。

なぜディズニーだけ巨大化したのか
――100年近く成長を続ける、グローバルエンタメ帝国の神髄

私は恥ずかしながら、これまでディズニーランドを数えきれないほど訪問してきた。それも、東京だけでなく、香港、フロリダ、カリフォルニア、フランスと、これほどディズニーランドに行きまくったビジネスパーソンはいないのではないか。

私がディズニーに惹かれたのは、あの世界的に人気のあるネズミや、青い毛むくじゃらのお化け、そして「美女と野獣」のベルが好きだからではない。私がディズニーに惹かれるのは、**ディズニーだけが企業としてあれほど巨大化し、かつ成長を続けられる理由に強い関心があった**からだ。

日本のディズニーランドは2018年に35周年記念を迎え、2020年に向けた2000億円規模の大規模拡張工事に取りかかっている。グローバルに目を向ければ、2017年末にはアメリカであの21世紀フォックス社のほぼすべてを524億ドル（約6兆円）規模で買収することが発表された。これに限らず、世界市場でのディズニーの成

長は圧巻である。〝夢の国〟は創業以来１００年近く経っても高い成長率を続ける、超優良グローバル企業なのだ。

なぜ、ドラえもん、ジブリ、アトムはディズニーになれなかったのか？

日本のアニメ文化に誇りを抱く多くの読者の皆さまは、ふと不思議に思われることだろう。なぜドラえもんやジブリはテーマパーク化したりしないのに、あのミッキーマウスだけが世界中で大儲けしているのか。

私はディズニーがグッズ・映画・テレビ・ゲーム、そして世界中のテーマパークと拡大し、売上げ何兆円のグローバル企業に成長できたことに、ビジネスパーソン、また投資家として興味をそそられてきた。

そもそもテーマパークにするなら、ドラえもんのほうがよっぽど面白い乗り物をつくることができたはずである。

しかしドラえもん、もしくはラピュタも千と千尋も、テーマパークにはなれなかった。さらにさかのぼれば、鉄腕アトムだってテーマパークにうってつけだったはずだ。これに対し、初期のディズニーはグリム童話などのおとぎ話がもとになっており、未来の技術の乗り物を意識したストーリーはあまりない。

しかし結果的に、ドラえもんは世界中でパチモンが出回り、大エンターテイメント帝国を築けなかったのに対し、ディズニーは今や時価総額20兆円規模の世界ナンバーワンのエンターテイメント企業として君臨している。

このミッキー帝国の成功から、**世界中で持続的な成長の秘訣と、ディズニーから学べる最強の働き方のエッセンスを、「楽しみつつ、夢見心地で学ぶこと」が、本書の目的**である。

本書の特徴❶：「最強の働き方」を夢の国で学ぶ

——起業家精神・企業戦略・法務／契約・サービスの神髄すべてを一冊に

本書はディズニーをトピックとしているが、**本質的にはすべてのビジネスパーソンに当てはまる「最強の働き方」を「夢の国」で学ぶ一冊だ。**具体的には、起業家精神、企業戦略、法務・契約、そしてサービスという、本質的なビジネスの基本を、ディズニーの事例に応用しながら各分野の一級の専門家を結集して執筆されている。

第1章では、ディズニーの原点と、それに起因する「起業家精神」と「自己実現する生き方」の神髄を一緒に考えよう。ディズニー創業者であるウォルト・ディズニーの、ディズニーランド建設に至った原点と、その起業家精神に学べる教訓を明らかにしたい。

ウォルトの生い立ちや文化的背景に関しては、**本書巻末にリストアップしてある大学の論文や関連書籍、雑誌、ディズニー社投資家向け開示情報、そして国内テレビ放送やアメリカのディズニーに関するドキュメンタリー番組の徹底調査に加え、ベストセラー『ディズニーランドという聖地』の著者である、東京大学名誉教授の能登路雅子教授に綿密なインタビュー**を行なわせていただいた。

第2章では、創業者がいなくなったあと、どのようにその原点を守りながら、戦略的に成長を続けてきたのか、**ディズニーの戦略から一般の企業やビジネスパーソンが学べることは何なのかを徹底的に調査・分析した。この章は、ハーバード・ビジネススクールで、ディズニーをはじめとする企業の戦略を徹底的に学んできた、ディズニーファン歴35年の、ミニー麻衣子氏とともに執筆している。**

本文の中ではさらりと書かれているが、ここで書かれていることの大半は、実際にハーバード・ビジネススクールの卒業生を含むディズニーで働いてきた現場の人たちへの綿密なインタビュー調査に基づいている。

彼ら・彼女たちはガストン氏、アラジン氏、グーフィー氏といったなじみ深い仮名で登場していただいているが、中には情報源の特定を恐れて掲載できない秘密情報もたくさんあった。

この過程で多大な協力をいただいた、多くのハーバード卒業生の皆さんに感謝したい。

第3章では、ディズニーの戦略的強さの中核である、**契約と法律上のトピックに関して、**

あらゆるビジネスパーソンが学ぶべき教訓を論じる。ドラえもんが実質ほぼ無料で世界中でコピーされているのに対し、ディズニーは学生が学校で卒業の思い出にとプールにミッキーマウスの絵を描いただけで訴訟沙汰にする。

一見恐ろしい話だが、このライセンス管理や契約への厳格な姿勢から、あらゆるビジネスパーソンが学ぶべき、法律・契約の実践的教訓とは何なのだろうか？

本章は、**ディズニーファン歴33年であり、オックスフォード大学で法律を学び、国際弁護士として米国でさまざまなライセンス契約を取り仕切る、ドナルド楠田氏とともに執筆している。**

彼は、オックスフォード大学の留学前に本プロジェクトに参画したのだが、その貴重な留学の日々を勉学に費やすでもなく、世界中から集まるクラスメイトにディズニーの議論を吹っかけてはいぶかしがられながらも、本書の執筆に尽力してくれた。なお、本プロジェクトに2年かけたため、本書が完成したころには、彼は卒業してしまっていた。

この長期の調査で多大なご協力をいただいた、オックスフォードの多くの弁護士の方々に感謝したい。

第4章では、これまでのウォルト・ディズニー本社から日本のオリエンタルランドに視点を移し、**東京ディズニーランドの最高水準のサービスを生み出す仕組みから学べる教訓を取り扱っている。なかでもディズニーランドの世界最高水準とされるサービスを生み出す人材育成法から、われわれが学ぶべきことは非常に多い。**

本章では、**ベストセラー『社会人として大切なことはみんなディズニーランドで教わった』の著者・香取貴信氏、および現在もディズニーランドで現役キャストとして働いている数多くのスタッフの皆さんに、広範なインタビュー取材にご協力いただいた。**

この第4章では、東京ディズニーランドが、決して高いとはいえない給料でモチベーションの高いバイトさんをあれほど集め、「生産性高く働いてもらえている秘訣」や、「モチベーションを高く保つ秘訣」も、「夢の国」で働くさまざまな人々へのインタビュー調査を元に明らかにしている。

また、東京ディズニーランドおよびディズニーシーの世界観を完全に理解してから執筆するため、「蒸気船ウィリー」から2018年の「リメンバー・ミー」まで歴代ディズニー映画をすべて鑑賞し、買収先のピクサー、マーベル作品も完全制覇した。

本書の特徴❷：〝夢の国の住人〟を総動員した、多角的な視点

――創業者・米国本社社員・キャラクター・東京ディズニーランドのキャストたち

本書では**世界初の試みとして、非常に幅広いディズニー関係者を題材にその議論を深めている。**

第1章では創業者ウォルト・ディズニーを主題にしている。米国にはウォルトの人生を振り返る書籍などはたくさんあるが、**その人生を〝アントレプレナーシップ（起業家精神）〟という軸で捉え直したのは、世界でこの一冊だけだろう。**

第2章ではウォルトの後継者としてディズニー米本社を率いてきた歴代のリーダーや主要社員からの教訓を書き綴っている。**日米を含めたディズニー本社での勤務経験者をこれほど広範に調査し、ディズニー映画の名言にからめて教訓を抽出している類書はこれまで存在しなかった。**

第3章では法律・契約というお堅くなりがちなトピックに魔法をかけるべく、**すべてデ**

ィズニー映画の実際の場面から〝法律・契約の神髄〟を学ぶ形をとっている。これは間違いなく類書がなく、世界でこれを成し遂げたのは本書だけだと確信している。

そして第4章では米ディズニー本社とはまた異なる特殊な進化を遂げた、東京ディズニーランドで働いてきた元キャストおよび現役のキャストの皆さん、さらにはオリエンタルランド社の現役社員の皆さんからさまざまな証言をいただいた。加えて、**ディズニー書のベストセラー作家たちを綿密にインタビュー取材し、その鉄壁の取材規制をすり抜けて現役のディズニーキャストやオリエンタルランド社員とともにディズニーランド現地調査を行なったというのも、本書が初めての試みであろう。**

ディズニー本というと、どうしても元東京ディズニーランドのキャストさん、ないし米本社の社員の本の翻訳書が多い。しかし本書では、**創業者・米本社社員・キャラクター・そして東京ディズニーランドのキャストという、非常に幅広い視点から〝最強のディズニ**

ーレッスン〟を多角的に論じて一冊にまとめているのである。

本書の特徴❸：ビジネス書×ディズニー書の夢の融合
——ビジネス書に夢を、ディズニー書に学びと教訓を

本書は、**「起業家精神・戦略・法律・サービスの神髄」という、重要だがお堅く難解になりがちな教訓を、皆が親しみやすいよう、ディズニーを舞台に応用しながら夢見心地で学ぶ一冊**だ。

各教訓は、それぞれ超一流の内容が凝縮されているが〝夢の国で学ぶ〟という標語に偽りなく、**すべて、ディズニーエピソードに魔法で結び付けてある。**

本書は、無味乾燥なビジネス書でもなければ、「涙と感動」を押しつけるディズニー礼賛本でもない。

ハーバード・ビジネススクール、インシアード、オックスフォードのディズニー研究者および、ディズニー本のベストセラー作家たちを結集して2年の歳月をかけ、**これらビジネス上の教訓を誰もが夢見心地で楽しく学べるよう、すべてディズニーストーリーに魔法**

で結び付けた〝夢の国のビジネス書〟なのだ。

通常のビジネス書は「お堅くて敷居が高くてちょっと……」という方も、また書店にあふれるディズニー書は「感動サービスネタばかりで飽きた」という方も、この冒険にぜひご一緒いただきたい。

また、ディズニーランドは昔、一回行ったことがある程度、知っている映画は「ライオン・キング」くらいで、「モンスターズ・インク」に出てくる青い毛むくじゃらの動物は誰でしたっけ、というディズニー初心者の方にもこの冒険で必ずや多くの収穫を得ていただけるだろう。

そして年間パスは当たり前のディズニーファンで、パレードにおいてグーフィーとプルートの違いや、三匹の子豚と「トイ・ストーリー」の貯金箱「ハム」の違い、そしてオーロラ姫、ベルと、実は立ち位置が一段高い別格のシンデレラの違いも見てすぐわかるというディズニー上級者の方でも、これまで絶対にご存じなかった深すぎるディズニーの世界を楽しんでいただけるだろう。

さらには、トゥモローランドでしか嗅げないバターしょうゆポップコーンの香りやパレードが見やすいテラスの窓際のベストスポットも熟知しているけど、最新パレードの写真

や隠れミッキー、インスタ映えするフォトジェニックな壁探しより、ワンランクもツーランクもレベルアップして知的にディズニーの歴史とグローバル戦略からその神髄を学びたいというディズニー主人公並みに好奇心旺盛なゲストの方を含め、ビジネスパーソンとディズニーファン双方に必ずや大きなハピネスを届ける〝グッドショー〟をお見せすることをお約束しよう。

本書が読者の皆さまに幸福感と、逆境に負けない前向きの勇気と、本格的なグローバルビジネスの教訓を多く提供できることを願ってやまない。それでは、「夢の国で学ぶ超現実的な仕事術」、その秘密に迫る冒険に出発しよう。

最強のディズニーレッスン●Contents

Chap. 1

「夢の叶え方」をウォルト・ディズニーに学ぼう
――ウォルト・ディズニーに学ぶ起業家精神の神髄

自分を知る Self Awareness

社会の象徴的企業へ Social Icon

Chap. 2

ウォルト・ディズニーの成長戦略に学ぶ
——ハーバードMBAと米国本社に学ぶ、ディズニー戦略の神髄

リーダーシップ Leadership

Chap. 3

ディズニーランドで探し出せ！ビジネス・リーガルの地図
——オックスフォード弁護士の教訓と、ディズニーストーリーの魔法の融合

コンプライアンス（法令遵守）Compliance

特別寄稿・最強のストーリーで、自分と世界を変える

ブックデザイン●原田恵都子（ハラダ＋ハラダ）
イラストレーション●サトウイモ・デラクルス
本文組版●閏月社

Chapter 1

「夢の叶え方」をウォルト・ディズニーに学ぼう

ウォルト・ディズニーに学ぶ起業家精神の神髄

「この幸せな場所にようこそ。ディズニーランドはあなたの国です。ここは、大人が過去の楽しい日々を再び取り戻し、若者が未来の挑戦に思いをはせるところ。
ディズニーランドはアメリカという国を生んだ理想と夢と、そして厳しい現実をその原点とし、同時にまたそれらのために捧げられる。そして、さらにディズニーランドが世界中の人々にとって、勇気とインスピレーションの源になることを願いつつ」
（開園の日付とともに金属板に彫られ、今も米国ディズニーランドの〝タウンスクエア〟の星条旗の根元に飾られてある一節）

ディズニーランドの原点とは何か？

第1章では、ウォルト・ディズニーの原点からキャリア形成、起業家としての道のり、そして一国を代表する企業に成長する過程をともに見ていく。この過程で世界一のメディア企業の原点である**「アントレプレナーシップ（起業家精神）の神髄」をともに学ぶことを目的**としている。

「アントレプレナーシップと言われても、私にはちょっと……」と思われる方もいらっしゃるだろう。大半の方は会社で働かれているか、まだ学校で学ばれているか、家で家庭を守られているだろうし、起業といわれても「私には関係ない！」と、第1章の出だしから早くもそっぽを向かれているのではあるまいか。

しかし、安心していただきたい。本書で取り上げる起業家精神というのはなにも、**事業を始める人にだけ関係がある話ではなく、あらゆる人に当てはまる「自分らしい生き方」に関する教訓**なのだ。

ディズニーストーリーの原点は、約100年前の創業期から、近年の「リメンバー・ミー」に至るまで、「家族の大切さ」と「自分を知る大切さ」、そして「夢をあきらめず、自分を信じて挑戦する大切さ」の3点が普遍的なテーマである。そしてその源流を、本章で論じる創業者ウォルト・ディズニーの人生に見ていただけることだろう。

第1章は、基本的には**人生の価値観を規定する自分の原体験に気づき、自分がやりたいことに正直に生き、失敗しても諦めないことの大切さ**を扱っている。

そして、自分ならではの社会貢献である「自分ならではのヒット商品」を考え、夢を実現するために必要な仲間の大切さを学ぶことを論じているのだ。

創業期のウォルト・ディズニーのように勇気を持って自分の夢に挑戦し、周りに反対されても志を守り、WIN・WINな関係を構築して周囲を巻き込んでいこう。

また、社会のロールモデルとなり、社会の時流に乗る大切さも私たちはウォルト・ディズニーの人生から学ぶことができるだろう。

自分を知り、実現したいことのために周囲を熱狂的に説得しよう。相手を得させて周りを巻き込み、自分の夢を実現しよう。この「自己実現」と「起業家精神」に必要な多くの教訓を、ウォルトの人生に紐づけて深く学ぶのが、この第1章なのだ。

さあ、自分の夢を現実にするために必要な「ディズニーレッスン」を学ぶ、大いなる冒険の旅路に出発しよう。

Contents

1 原体験と自分の文化背景を理解しよう

ウォルトの過酷な幼少期と、アメリカの天地創造論

私たちは、自分のアイデンティティや原点を理解できているだろうか。誰にとっても、自分自身を理解するうえで一番大切なのは、自分が本当に欲しいものおよび、自分に影響を与えた文化背景を知ることである。

このうえで非常に有益なのが、**自分の幼少期の原体験を理解する**ということだ。

ウォルト・ディズニーほど世界中のエンターテイメント業界に大きな影響を与えた人も他にいない。今日も世界中のディズニーランドで合計何十万人という人が楽しんでいるわけだが、私はディズニーランドに行くたびに、その銅像を眺めながら、この人物がいなかったならば、この人たちの笑顔も存在しないのかと思うと、その影響力の巨大さに恐れ入

るのだ。

そして彼の幼少期の原点をたどれば意外なことに、このメディアエンターテイメントの帝王が、理想の家庭像とは程遠い過酷な幼少期を過ごしたことがわかる。

ウォルト・ディズニーの原点――アメリカ文化学者の分析

ウォルト・ディズニーは1901年12月5日、アイルランド系の貧しい家庭に生まれた。彼が幼少期を過ごしたミズーリ州はアメリカ本土のほぼ真ん中にあり、そこは厳しい自然環境で知られている。夏はすさまじく暑く、冬は厳寒の内陸性気候で、その気温はしばしば氷点下20度に達した。

厳寒のさなか、ブリザードで凍死する人も多かったという。ハッピーオーラ全開のディズニーランドの創業者が、過酷な環境で生まれ育ったというのはいささか意外ではなかろうか。

ウォルト・ディズニーの世界観は、温暖な気候と豊かな自然に恵まれ、「自然を共存と崇拝の対象とする文化圏のアジア人からは生まれてこない発想」だと指摘するディズニー研究家を紹介しよう。
ベストセラー『ディズニーランドという聖地』の著者で、東京大学名誉教授の能登路雅子教授は、以下のように筆者との対談で解説してくれた。

自然の脅威を制覇する、天地創造論がウォルトに与えた影響

「ディズニーの、日本人じゃ考えられないほどの砂漠にジャングルをつくるスピリットは何なのか。自然を否定して、雑草一本生えてはいけないという異常なコントロール精神がすごい。ある種狂信的な思想がなければ、あんなものはつくらないはずよ」

能登路教授がそもそもディズニーランドに関心を持ったのは、「なぜ人工的な世界を巨額を投じてつくったのか」という疑問と、「蚊とかハエがいないという不自然さ」にあったという。

「アジアの人々は自然を根こそぎ切って別のものをつ

くるという考えがない。しかし、ウォルトが幼少期を過ごしたアメリカ中西部では、自然は恵みでなく脅威だった。**日本みたいに自然に恵まれているところからは、ディズニーランドは絶対にできない**」と能登路教授は指摘するのだ。

実際のところ、もともとディズニーランドの敷地一帯は、すばらしいイチゴとオレンジ農園であった。普通、美しいオレンジの木などはテーマパークに活かせると思うものだ。しかし、ディズニーは結局一本も残さず、全部更地にした。

能登路教授曰く、「**アメリカ文明は、人生も自然もリセットできるという、『天地創造』の価値観が原動力になっている。**

キリスト教主体のアメリカの多くの人々にとっては、地球は神さまが一からつくったものであり、同様にディズニーランド建設後は、元の姿はなんの痕跡も残らない。

この**『天地創造の考え』を理解しなければ、ディズニーランドの原動力は理解できない**」というのだ。

グローバルメディア帝国・ディズニーの原点を考えるとき、忘れてはいけないのが、創業者ウォルトの原体験と、その文化背景からくる世界観である。思えば、ライオン・キングしかり、アナ雪しかり、モアナしかり、さまざまなディズニーの名作でも〝本当の自分の原点を知る〟ことの大切さが謳われている。仏教をはじめとするさまざまな哲学の基本と同様、自己認識を深めることが、自己実現への第一歩なのだ。

さあ、これからディズニーの長い旅路をめぐる冒険に出る前に、そもそもディズニーランドの原点とは「**自然の猛威から逃れ、完璧で安全な世界をつくりたいという宗教的な天地創造願望が、ディズニーの新しい世界を創る力の原点にある**」との深い哲学的認識を胸に刻んでおこうではないか。

1 ディズニーレッスン Disney Lesson

自分を理解するうえでは、幼少期の原体験と社会の文化背景を理解することが重要。

ウォルト・ディズニーが完璧で安全な世界を志向した一因に、幼少期の厳しい自然環境下で過ごした原体験と、天地創造論的な当時のアメリカ文化が背景に存在する。

Column

過酷な自然環境以外の、ウォルトの原体験とは？

創業者ウォルト・ディズニーが少年期を過ごした過酷な自然環境での原体験とその完璧主義、そして「天地創造」の宗教的世界観が、「夢の国」建設につながっている。

ただ世の中に厳しい自然環境で幼少期を過ごした人など、ゴマンといる。ミズーリ州ほど厳しくなかったが、私が幼少期を過ごした京都盆地の冬も、なかなかの寒さである。

しかし、めちゃくちゃ寒い、くらいでは「ほな私もディズニーランドをつくろっか」という発想には到底つながらない。

ちなみに私が今暮らしているシンガポールやしょっちゅう行くインドネシアは、年がら年中暑い。しかしやはり、めちゃくちゃ暑い、くらいでは到底、「ほな大きい遊園地でもつくろうか」とはならないのである。

それでは、ウォルトをディズニーランド建設という大それた夢に向かわせた他の原動力とは、いったいどのようなものだったのか？

マイナス20度の故郷出身のウォルトが、なぜあれほど「子どもに夢を与える」ことを自分の夢にするようになったのだろうか？　引き続き、その謎に迫っていこう。

②自分の潜在願望を理解しよう

ターゲットは、すべての人間に潜む「子ども性」

人の潜在力を発揮させるためのコーチングの基本は、潜在意識の中で自分が本当に欲しいものに気づかせることである。人間は一日に3万回を超える決断を行なっており、その中の実に95%が潜在意識、無意識の中で行なわれているという。だからこそ、自分と他者の潜在意識を顕在化させて理解することが、〝自己実現〟の第一歩として大切なのだ。

ウォルトが潜在的に求めていたのは、その〝子ども性〟の開放であった。

ウォルトは、**「人はいくつになっても子どもの無垢な心と好奇心を失わない」という人間観**を抱いていた。

たしかに、私もたいがいの年齢になったが、子どものときの好奇心や願望、子どもっぽさは、残念ながら全然変わらない。本書をお読みくださっている方々の中にも、内心「自分は変わらないなぁ」と思っている人も多いのではないか。

能登路教授の言葉を借りれば**「憂いのなかった昔に対するノスタルジア、無垢な子ども時代に帰りたいという回帰願望は、ディズニーランドの最奥の小さな子宮の中にある」**のである。

このような無邪気な子どもの世界を自分の仕事の対象としたのは、ウォルト自身の生い立ちに深く結びついている。

能登路教授は、**ウォルトの人生における本来的意味での子ども時代の不在と、その裏に**

あるとてつもなく厳格な父親の存在が、ウォルト・ディズニーのトラウマとなり、まさにそれが「夢の国」建設の原動力となった、と解説するのだ。

ベンチャーキャピタリストとして活躍している友人が、**ベンチャー投資で一番重視するのは、お金ではなくその原体験を元に起業しているかどうか**だと言っていたが、このことと共通している。

お金が原因で頑張る人は、困難に打ち勝てないが、原体験が原因で頑張る人は、お金が尽きても自然と最後まで頑張るからだ。

厳しい父親とトラウマ——「夢の国」の原点は、「失われた幼少期」の再構築

貧しい家庭に生まれたウォルトの幼少期は、常に父への恐怖に脅かされたものであった。ウォルト・ディズニーの祖先は、アイルランドからの移民だが、さらにさかのぼれば、フランスからイングランド、アイルランドを経てアメリカに移住している。

ちなみにディズニーという姓は、フランスのノルマンディ地方のイジニーから11世紀にイギリスやアイルランドに渡英したノルマン人の末裔であることを示す。のちに英語風に

発音が直され、ディズニーとなったという話は、ディズニー家の有名なファミリーヒストリーだ。

自然環境が厳しい中、ウォルトは家庭環境にも恵まれなかった。 父イライアスはカリフォルニアでの金鉱探しや農業で失敗した。イライアスは子どもたちに対し、愛情に欠けた厳格な態度で接したため、5人の子どもたちとは交流が浅く、ウォルトや8歳上の兄ロイが成功を収めた後も、あまり打ち解けた関係にはならなかったようだ。

当時の労働者家庭のごたぶんに漏れず、ディズニー一家の生活は大変厳しかった。ウォルトは新聞配達、薬局に処方箋を届ける仕事をし、学校の昼休みには向かいの菓子屋の掃除に駆けつけ、その報酬として昼食にありついたという。小学生時代は朝3時半に起きて新聞配達をする（しかも朝夕）という生活を、兄とともに6年間続けた大変な苦労人である。

のちにウォルトは映画「メリー・ポピンズ」などで、この厳寒の中での新聞配達のバイトがいかに自分のトラウマになったかをさまざまな場面で語っている。彼は晩年になっても、「大雪の中、新聞配達をし忘れて、父に怒鳴られる」という悪夢にうなされていたというのだから、そのトラウマたるやかなり深刻だ。

このような厳しい家庭環境下で育ったウォルトの幼少期には、少年の遊びというものがなかった。さらには、父が厳しく体罰をふるうため、上の兄3人は高校を卒業すると家を出てしまった。

父イライアスから、今の基準に照らせば児童虐待ともいえる仕打ちを受けながら、彼はのちに生涯の仕事としたアニメーションというきわめて空想的な世界で、**「自分の失われた子ども時代を1コマ1コマ、再構築していった」**（能登路教授）のであった。

お客さんは、すべての人に潜む「子ども性」

私たちは、**自分の会社のお客さんが〝本質的には誰か〟を考えたことがあるだろうか？**

ディズニーが対象とする〝顧客〟〝需要〟とは、何も子どもだけを対象にしたものでも、夢見る女性をターゲットにしぼったものでもない。ディズニーランドは、年齢や性別、社会的な属性は違えど、**大人を含めてすべての人間に潜む〝子ども性〟をターゲット**につくられているのである。なんだかピーター・パンみたいな話だが、誰しもその心の中にピーター・パンが潜んでいるものではないか。そしてその潜在意識をビジネスに変えたのが、ウォルト・ディズニーその人なのである。

ここで私たちが学べる人生への教訓は、自分の「潜在意識の原点」を知ることの大切さだ。自分が**潜在的に抱いている強い願望を、顕在化するエネルギーこそが成功につながる**のである。

2 ディズニーレッスン Disney Lesson

原体験からくる自分の潜在的願望を理解し、顕在化させよう。

ディズニーは、厳しい自然と家庭環境で失われた幼少期を再構築すべく、「すべての人の子ども性」を相手にビジネスに打ち込んだ。

自己実現
Self Realization

1
好きなことを選び、続けよう

絵好きの少年、美術を学ぶ

ウォルト・ディズニーの人生ほど、〝成功への出発点は、好きなことを自分で決めること〟だと教えてくれる事例は少ない。

なにせ自分自身が切実に求めているのだから、他人にまかせるより主体的に頑張れる。また、やりたいことを自分で決めた場合、最後までやり遂げようというモチベーションが続くものなのだ。

ウォルトは、勉強ができたわけでもなければ、学歴が高いわけでもなかった。一方で、厳しい生活から空想に逃れるためとも解釈されているが、彼は幼少期からひたすら絵描きに没頭していたのだ。

ウォルトの学歴は、高校1年次中退であり、成績も悪かった。しかし一方で、ディズニーランドという大構想を実現できた大人物でもあった。

天才とは往々にして興味のないことではまったく活躍できないが、自分が没頭する分野では並外れた力を発揮できるという、好例であろう。

ここからは、つまらない科目のテスト結果で人を振り分ける旧来型人材選別システムが、いかに多様な特性をつぶしてしまっているかも、よくわかる。

もしもウォルト・ディズニーその人が、同じように受験勉強して大学に入り、投資銀行に入社してキャリアを積み上げてしまっていたら、今ごろ世界中のディズニーランドも、その他のテーマパークも存在しなかったのである。

ここで一つ余計なお世話だが、愛する読者の皆さまも、**決して、できないこと、勝てないことで自分自身を低評価なさらないでほしい。**

苦手なことで、自分を過小評価して、自分はできないという固い信念をお持ちの方は、ぜひその不当な過小評価を捨て、**「自分が好きで得意なこと」で自分を再評価する機会を、自**

分に与えてあげたいものである。

〝自分にとっての夢の国〟は何かを考え、得意分野を伸ばしてこそ、その人生が輝くのだから。

ウォルト・ディズニーも、幼少期から絵を描きつづけてきた

ウォルトは、7歳にして自分が描いた絵を売っていたという説もある。のちにミッキーマウスで大儲けすることになる片鱗が、7歳の時点で早くも芽生えていたのであろうか。

私も恥ずかしながら、中学時代にテスト勉強でクラスメイトのノートがあまりにも整理されていることに感動し、それをコピーしてほかの生徒に売るというビジネスを始めたことがあったが、これが私のメディア事業の原体験になっている。起業家精神とはその片鱗が幼少期から見え隠れするものなのだ。

さて、その後ウォルトは1911年、10歳のときに家族がミズーリ州のカンザスシティに引っ越すと、市営の絵画教室で本格的に絵を学び始めた。

その後、またしても一獲千金を夢見る父のイライアスがゼリー工場経営に参画するため、一家がシカゴに移ると、高校生になっていたウォルトは「アカデミーオブファインアーツ夜間部」で絵を学ぶ生活を送った。

ウォルトは常に、絵を継続学習してきた。その後誕生するミッキーマウスは偶然適当に描いたスケッチで生まれたものではなく、幼少期からの「動物の絵を描く」という並々ならぬ情熱と学習成果のたまものであったのだ。

どのようなキャリアの第一人者にも共通するが、結局のところ、**「好きなことを選び、とことん続ける」という原則が、キャリア上の成功の第一条件なのである**。

3 ディズニーレッスン Disney Lesson

好きなことを選び、苦しくてもそれを続けよう。

自分が好きなことに気づき、お金がなくても好きなことを長く追求しつづけることが、自己実現キャリアへの第一歩である。ウォルトは学校の成績は振るわなかったが、貧しくとも、好きな絵を描きつづけた。

② キャリア成功に必要不可欠な「グリット（やり遂げる力）」

漫画家としての挫折と、天職との出合い

起業家ウォルト・ディズニーがすごいのは、なんといってもその挫折・失敗をしてもあきらめない〝グリット〟（やり遂げる力）である。ちなみにウォルトは何度も解雇され、その会社は3回も倒産しているが決してあきらめなかった。

ディズニー映画のストーリーでもほぼ必ず、主人公は失敗し、挫折する。それはアリエルだろうが、シンバだろうが、はたまた草創期のダンボまでさかのぼっても変わらぬ普遍

的な教訓だ。しかし主人公たちが必ず挫折を乗り越えてハッピーエンドを迎えるのも、ディズニー映画の鉄板ではなかろうか。

ウォルトは第一次世界大戦後、商業美術の会社に入り、アニメーションの世界へ行くも、挫折を繰り返した。最初はウォルトに誰も仕事をくれず、なんとか就職するも、失業や失敗を重ねつづけたのだ。

第一次世界大戦でのフランス滞在を終えて戦後にアメリカに帰国したとき、シカゴ（ゼリー工場で働くことになった父イライアス）のもとで働くことを嫌った彼は、高校に戻らなかった。

これまでの絵描きへの情熱と学習を活かして、漫画家としての活躍を目指したウォルトは、新聞で風刺漫画を描く仕事を得ようとした。日本の新聞でいえば、あの伝説の４コマ漫画、コボちゃんやサザエさんを描くのが、最初は彼の夢の仕事だったのだ。

この一大エンターテイメント帝国を築き上げた創業者の最初の夢の仕事が「新聞の漫画」だったと考えると、なんとも微笑ましい話ではないか。

今やっている仕事は小さくても、その情熱がどのような大きな夢の実現につながるか、わからないものである。

ところが、無名のウォルトに新聞漫画の依頼は全然来なかった。そして結局「新聞のおまけの漫画を描く」という、彼の最初の夢のキャリアはついえてしまったのだ。

挫折の果ての、天職との出合い

新聞の漫画家になることをあきらめたウォルトは、地方の銀行員として働いていた兄のロイが知り合いに頼みこんでくれたおかげで、ペスメン＝ルービン・コマーシャル・アート・スタジオの広告デザインの下絵を描く仕事にありついた。

その後も苦難の道のりが続く。ウォルトはそこでも契約更新を打ち切られて失業すると、1920年1月、職場で出会った生涯の友アブ・アイワークスと二人で「ウォルト・アイワークス・カンパニー」を創立して、新たな創作活動を始めた。

ところが、その会社はあっという間に終焉することとなる。これはスタートアップ〝あるある〟の話だが、共同創業者間で違う選択肢が生じてしまったのだ。創業してまもなく、ウォルトは Film Ad Co.（映画の前のアニメの宣伝をつくる会社）にアニメーターとして雇用されたため、「ウォルト・アイワークス・カンパニー」は一瞬で終わってしまったのであった。

さて、当初は生活のために雇われたウォルトだが、このアニメ制作に彼は自分のミッションを見いだすこととなる。**ウォルトはやがてアニメーターとしての資質に目覚めていき、漫画からアニメへと興味が移っていったのだ。**

これがのちにディズニーランドにつながる、「アニメーション」という天職との出会いであった。

人間万事塞翁が馬——挫折や失敗が大きな機会につながる

挫折、失敗したように思えて、そのおかげで将来が好転することは、よくあることだ。人間万事塞翁が馬とはよくいったものである。

確かに私自身も人生を振り返って、**「最悪の経験」や「とんでもない不幸」が、結果的に次の大きな機会につながる**、ということの連続であった。

それでも失敗して挫折しても、自分が興味のある方向で機会を探しつづけてきたおかげで、徐々に自分の好きな仕事に近づいてきたのだ。

私のシンガポールでの友人で、起業した後、ひたすら長い間、失敗を続け、共同創業者にも逃げられた女性の話だ。

彼女は周囲のビジネススクールの同級生が贅沢な暮らしをする中、資金調達にも困って何度も私の前で泣いていた。その彼女は、私に「このまま小さく終わりたくない、大きく成功したい」と心情を吐露し、よく泣いていたものである。しかし外部に対しては常に自信満々に明るく強く振る舞っていた。**皆、顔で笑って心で泣いているものなのだ。**

しかしそれでもあきらめずに挑戦を続けた結果、最終的にはシンガポールの大手投資家からの資金調達に成功し、今では「これがたった一年の間に起こった変化なのか」と信じられないくらい、キラキラ輝いて充実した人生を送っている。

そもそも成功して成長軌道に乗っている会社の共通点は、**その経営者に〝グリット〟、言い換えれば〝やりきる根気〟があること**である。

ビジネスなんて、不確定要素が多いものだ。やっているうちにチームも変われば戦略も変わるし、ビジネスモデルも変われば、日々の業務内容もどんどん変わっていく。

しかしながら、「このビジョンのためならなんでもやります」という覚悟の強い人は、いくら失敗しても何度でも起き上がるのである。

好きなことをわかっているのみならず、挫折にもめげず挑戦を続ける〝根気ある〟強さこそ、自己実現するための基本なのだ。

4 ディズニーレッスン
Disney Lesson

自己実現のキャリアのためには、やりぬく根気と、挫折をチャンスに変える強さが必要である。

ウォルトは新聞の仕事も広告の下絵の仕事も失敗して何度も解雇の憂き目にあったが、決してあきらめず、その過程で天職であるアニメーションに出合った。

顧客の創造

Customer Creation

1 最初のお客を〝大〟満足させよう

幻の名作「ニューマン劇場のお笑い漫画」

どのような企業も成長するためには、当然のことながら売上げを上げなければならない。

そしてこれも当たり前なのだが、**売上げの成長にはヒット商品が必要**である。

よくビジネス戦略でぶつぶつ能書きをたれている人がいるが、そんな能書きは今すぐ、全部ストーブか、ガスコンロにくべて燃やしてしまおう。結局のところ、**ビジネスで大切なのはこのシンプルな基本＝つまり「ヒット商品」なり「ヒットサービス」を生み出し、顧客を満足させること**なのだ。

アニメーションに強い興味を持ちつつも、広告自体には興味がなかったウォルトは１９２０年内に再度独立して個人事務所を設立した。

アニメーションに関しては、〝自分が描いた絵が動き出すことに、電撃的な興奮を覚えた〟という。

開業当初は上映してくれる映画館がなく、アパートを放棄してスタジオで暮らす毎日を送ったウォルトだが、フリーランスの制作者として営業を続けた。

そんな中、ウォルトはカンザスシティの事業家、フランク・L・ニューマンからの出資で初のオリジナルアニメ作品「ニューマン劇場のお笑い漫画」を制作することとなった。

このタイトルにかなり興味を惹かれて、この最初のアニメ作品を探し出し内容を確認したので、その概要をお届けしよう。

幻の名作「ニューマン劇場のお笑い漫画」——ニューマンさんは大満足

このニューマン劇場、今の基準で見ると正直なところ、相当厳しいものがある。しかし、当時はさぞかし画期的だったのだろう。

まず出だしでウォルト自身が出てくる。流れる音楽が愉快なので、このパイプをぷかぷかふかしているウォルトを見ているだけで、なにやらハッピーオーラが充満し始める。次に、素早い手書きで、カンザスシティからどうやら追い出されようとしている男性の陽気な表情が描き出される（ただし能登路教授は「この追われている男は泥棒と思われ、人相も悪い印象がある」と指摘している）。

続いてカンペが現れ、「カンザスシティの女性のストッキングは位置が高すぎる。彼女たちは、これをもっと引き下げなければならない」などと、ろくでもないことが書いてあるのだ。

この作品は本当にこれでよかったのか、いささか疑問だが、私の心配をよそに、「ニューマン劇場のお笑い漫画」は、最初のお客さんを満足させることに成功した。**この作品が評価を得て、ウォルトの元にアニメ制作の仕事が順調に舞い込むようになったのである。**

そしてアブ・アイワークスなどを呼び戻し、Laugh O'Gram Studio 社を設立、その業務を軌道に乗せたのであった。

結局のところ、**あらゆる企業の成長の第一歩は、まずはヒット商品をつくり最初のお客を満足させて、高い評判を築き上げること**なのである。

5 ディズニーレッスン Disney Lesson

あらゆるビジネスでまず大切なのは、最初の顧客を創造し、大満足させること。

ウォルトは自分で顧客を開拓し、最初の仕事である「ニューマン劇場のお笑い漫画」

で高い評判を築き上げた。

チームビルディング

Team Building

1 弱みを補完するパートナーと組む

常識人ロイを必要とした、カリスマ経営者ウォルト

さて、**事業が軌道に乗ってくると重要になってくるのが、チームビルディングだ。特に、最初のコアメンバー選びでは、一切の妥協をしてはいけない。そのビジネスに何が必要で、自分に何が足りないのかを認識しなければならない**のだ。

この重要な教訓は、ディズニーにも当てはまる。世の中、最初の成功で舞い上がって、その後会社を潰してしまうケースはごまんとあるのである。

初期の成功とは裏腹に、制作に没頭し経営や資金計画のなかったウォルトは、最初につくったアニメスタジオを倒産させてしまう。

倒産後の整理を終えたウォルトは再起を期して、映画産業の本場であるハリウッドに移住し、兄のロイとともに「ディズニーブラザーズ社」を創業した。その後のディズニーの成功ストーリーは、皆さんご存じのとおりである。

これは「リーダーシップあるある」なのだが、何か一つの分野に秀でた能力とすさまじい情熱を持っている人が、ほかの分野ではまったく常識的な判断ができず、最大のボトルネック（障害要因）以外の何物でもないことがある。

カリスマ創業者には、優秀な常識人による補佐が必要

自分自身がボトルネックになっていること、また自分自身の中にある〝ブロッカー（障

壁要因）〃を認め、自分の弱さを認める勇気も、チームワーク成功への前提条件だ。

ウォルトは必ずしも商売に向いていなかった。彼は商売を度外視してでも常に斬新なアイデアを重視した。またウォルトと一緒に仕事をした人の話や本を読んでいると、「僕が見たことがないものを持ってこい」と浮世離れしたことを言っていたという。

そんな彼がビジネスで突っ走れたのは、**兄のロイが常識人でちゃんとファイナンスができたから**だと指摘されている。夢見る弟に金をつくるリアリストの兄がついてこそ、初めてできた「夢の国」だといえるだろう。ちなみに、すべてのディズニー映画でも主人公には相棒がいて、互いに助け合う。これは「白雪姫」に始まり「リメンバー・ミー」に続くまで、時代は変われど普遍的な夢の国の真理なのだ。一人で全部解決するのは、映画でも人生でも味気がないばかりか、成功の確率も低いのである。

これは大半のビジネスに当てはまることだが、売上げも資産もないスタートアップにとって、**企業の価値とはチームの価値にほかならないものである。**そしてチームの価値でもっとも大切なのは、創業者のビジョンおよび、各自が異なる強みを持ち寄った、互いの強みを生かし、弱みを補う、集団的天才チームをつくるリーダーシップなのだ。

6 ディズニーレッスン Disney Lesson

企業の価値の大半はチームの価値で決まる。

自分のリーダーとしての資質は、自分の弱みを認め、その弱みを補完できる〝強いチーム〟をつくれるかどうかにかかっている。ウォルトをロイが支えたように、自分の弱点を補ってくれるパートナーを探そう。

Column

強いチームの定義とは
——自分の得意なことに80%集中しているか?

強いチームとは、ビジネスモデルを実行するために必要なメンバーが揃っており、そして各メンバーが自分の得意なことにその時間の大半を費やしている状態をいう。たとえば「ライオン・キング」のシンバにしてもイノシシやら鳥やらの仲間とチームを組んでおり、「美女と野獣」のビーストにしても時計やらロウソクやらキャビネットやらコップとチームを組んで、ガストン一味と戦っているのだ。
ほぼすべてのディズニー映画で、主人公が一人だけで孤独に戦って大勝利、みたいな物語は一つもないのである。

そしてこのチームの態勢が機能しないときには、迅速に大ナタを振るってチームをリストラすることも重要になってくる。

私がシンガポールで創業した会社は、フランス人パートナーやアイルランド人パートナーとの驚きの連続であった。

ある人は、周りをエキサイトさせ巻き込むのが得意だが、反面、極めて攻撃的な性格で、人間関係を良好に維持することができない。

私がどれだけすばらしい人を雇ってきても、私が長期出張でオフィスを外すと、数日後には「彼とは働けない」と辞めていく人が後を絶たなかったのだ。

そして、ほかの同僚は、他人の感情が理解できず、常に批判ばかりしていて、相手にしてもらっていることに感謝の気持ちを向けることができないという、あの中野信子さんがその名著の中で論じている、いわゆるサイコパスだったのだ。

こういうときに大切なのは、まずは**その人の強みのある業務に特化してもらい、その人が不適格な業務をその人以外の責任・権限下に置くこと**である。

それぞれが強みを持ちより、弱みを相互補完することがチームワークの醍醐味だが、そんな**「チームワーク」の交通整理をすることこそ、経営者の腕の見せどころ**なのである。

チームリストラクチュアリング（組織再編成）を急げ
――チームビルディングに必要な、性善説と性悪説のアプローチ

スタートアップのチームビルディングで同じく大切なのが、早期のチームリストラ

クチュアリングだ。創業パートナー間で揉めるのはもはやお決まりの基本といえるだろう。

また、長年の友人同士で仕事をしても、数カ月後には〝顔も見たくない敵〟の関係に転落するのも、悲しき「スタートアップあるある」だろう。

スタートアップは動きが速く、環境の変化も速いため、必要とされるスキルや特性のタイプが刻々と変化する。

創業当時の段階では役に立った人も、企業が次の段階になるとできることがなくなり、次第にフェードアウトしていく人がいる。すると株式の持ち分で揉めたり、利益配分で揉めたり、お前が仕事しないなら俺も仕事しない、とすねたり、とにもかくにも後ろ向きの争いが多くなりがちなのだ。

だからこそ、スタートアップのチームビルディングで大切なのは、チームが解散するときの条件もあらかじめ用意しておくことだ。

スタートアップ投資の専門家であるベンチャーキャピタリストの友人は、〝**チームビルディングは性善説と性悪説の両面から準備すること**〟と口を酸っぱくして言っている。

その心は〝**信頼して人を入れなければ大きくならないが、うまくいかなくて辞めてもらうときに揉めることを想定して事前にルールをつくっておく**〟ことの大切さを意味しているのだ。

スタートアップの最大の資産は、機能するチームワークと、各自の時間の振り分けである。

あなたのチームは各自が自分の得意なことに80%の時間を使えているだろうか？

限られた時間を生産的なことに振り分ける経営管理の有無が、スタートアップのチームビルディングの成否を分けるといっても過言ではないのだ。

逆境に打ち勝つ

Grit

1 失敗に学ぶ

裏切られた逆境で生まれたビジネスモデル

ビジネスに失敗や逆境はつきものだ。**失敗から学び、教訓を次に生かせる人だけが、ビジネスを大きく成長させる**ことができるのである。

あらゆるビジネスにおいて、**ヒット商品をつくり出したあとに大切なのは、そのヒット商品から得られる利益を確実に守ること**である。

ウォルト・ディズニーの最大の失敗にしてその後のビジネスにとっての最大の教訓となったのが、大ヒットシリーズ「しあわせウサギのオズワルド（オズワルド・ザ・ラッキーラビット）」の権利を、しっかりと押さえずに展開してしまったことであった。

1927年にディズニー社は、興行師であるチャールズ・B・ミンツにつないでもらったユニバーサル・ピクチャーズに対し、自社キャラクターとして「しあわせウサギのオズワルド」を考案。オズワルドを主人公にしたアニメをユニバーサル配給で制作した。

このオズワルドは子どもたちの間で大流行し、ウォルトは自分の友人を続々と会社へ招き入れ、ディズニー社は屈指のアニメ制作会社へと成長した。

ビジネスに裏切りはつきもの――ユニバーサルによる、引き抜き工作

ただし1928年、前述のミンツがディズニー社に対し、新契約での制作費の値下げを要求すると、ウォルトはそれを断固拒否。

すでにミンツの一味による引き抜き工作が始まっていた。ここで残念なことに、アイワークスを除く大半がその引き抜きに応じてしまった。

逆境のときに本当の友人がわかるとはよく言ったものである。本当の友人は数人しかできないと言われるのもなるほど、いざとなれば大半の人に裏切られるのも世の常であろう。

一番近いと思っていた、**信頼していた人に見捨てられる胸の痛みは、多くの人が経験する人生でもっともつらい瞬間の一つ**ではなかろうか。悲しい現実だが、**人は過去への感謝より将来への期待に支配されることが多い**のだ。

のちの章で詳述するが、契約書上、オズワルドが配給会社の管理下にあることも響き、ディズニー社は自社キャラクター、スタッフの大半、そして配給会社を失い、倒産寸前に追い込まれてしまった。

ウォルト・ディズニー最大の失敗からの教訓
――つくるだけでなく、「権利」を確保せよ

ウォルト・ディズニーのキャリア人生で最大の失敗ともいわれる、オズワルドの権利をめぐる大失敗。ここで権利意識の低いわれわれの社会で気をつけなければならないのが、**「つ**

くるだけでなく、その権利を確定させること」だ。

ディズニーはその後、自社が制作したものに関し、厳格な権利確定にこだわり、権利の侵害に対しもっとも厳しい企業に変遷を遂げた。これらは創業初期の**「せっかくキラーコンテンツをつくったのに、裏切られてすべて奪い取られた」という苦い失敗**からの教訓が生かされているのだ。

「何かをつくるだけ」でなく、「権利を確保すること」が、のちにハシゴを外されないために必須の基本事項なのである。

7 ディズニーレッスン Disney Lesson

ビジネスに裏切りはつきものであり、権利を先に確定させることは極めて重要だ。

商品やサービスを開発するだけでなく、その権利を守らなければ会社は大きく成長できない。ウォルトはオズワルドの権利を確保しなかったがために、せっかくキラーコンテンツをつくったのに、仕事仲間に裏切られてすべてを奪われてしまった。

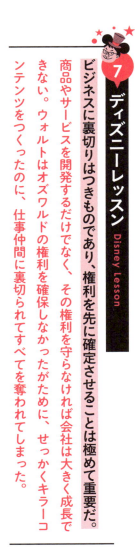

②

災い転じて福となす

オズワルドとの別れと、ミッキーマウスの誕生

ビジネスに失敗はつきものだ。失敗を積み重ねた末に成功にたどり着くというケースも多い。最近もてはやされる「グリット」〝最後までやり抜く力〟であるが、その力は逆境でこそ発揮される。あらゆるビジネスにおいて、**逆境での対応こそが、勝者と敗者を分ける**のだ。

ウサギのオズワルドを失ってしまったウォルトだが、彼はそれでもあきらめない。ウォルトは再び、アイワークスとの二人三脚で、ディズニー再建にとりかかることとなる。ここでも彼のグリットが大発揮されるわけである。

ディズニー再建にあたって、オズワルドに代わる新たな自社キャラクターが必要となった。**そこで生まれたの**

が何を隠そう、ミッキーマウスである。

ネズミを使うというアイデアは、自分のオフィスのごみ箱にしょっちゅう紛れ込んできたネズミに友情を感じて起用することにした、といわれている。なにやらつくったっぽいストーリーだが、その真相はウォルトのみ知るといったところであろう。

ちなみに余談だが、ウォルトの妻であるリリアンが、ミッキーマウスの名付け親となる。このリリアンの進言がなければ、ミッキーマウスはなんと、当初〝モーティマー(Mortimer)〟という非常に残念な名前に決まりかけていたことも、ディズニー研究者の中では有名な逸話だ。

ディズニーはそれまでの作品で登場させていた脇役のネズミを主役に抜擢し、アイワークスがミッキーマウスのユニークな動きを見事に実現した。この成功は、兄のロイとアイワークスのおかげだというのが定説だ。

ちなみに、ウォルトとアイワークスの二人を失ったオズワルドはやがて人気が低迷していき、徐々に人気が出てきたミッキーマウスと立場が逆転することになる。なにやら、事務所を移籍した途端、売れなくなる芸能人や、高い年俸でFA移籍した途端に活躍しなくなるプロ野球選手みたいではないか。

一方のミッキー人気は、1928年の「蒸気船ウィリー(Steamboat Willie)」で決定的なものとなり、以降、世界的な知名度を得てディズニー社の再建に大きな貢献をしていくことになる。

この「蒸気船ウィリー」はニューヨークタイムズなどにも絶賛され、それが大ヒットへの勢いをつけた。ちなみにこの大ヒットでできたお金でアニメーターを大量に雇い、ミッキーマウスを主体としたフル映画作成の体制が整えられたのであった。

なお、権利を押さえず手放す羽目になったオズワルドを教訓に、その後のミッキーの権利がどれだけ徹底的に固められているかは、絶対に本書でもディズニー社ににらまれるのが怖くてディズニーキャラを描けない、私の悲哀からもおわかりいただけるだろう。

しかし、**ガチガチに権利が固められているからこそ、世界一稼げるエンターテイメントの帝王ミッキーマウスが誕生した**のだ。逆にいえば、自分がつくり出したものの権利をきちんと固めるかどうかが、メディア企業として成長できるかどうかの分水嶺ともいえるだろう。

8 ディズニーレッスン Disney Lesson

逆境から好機を生み出す強さが、起業家としての成否を分ける。

ディズニーは オズワルドを失ったが、その教訓を活かしてミッキーマウスというさらに強力なキャラクターを生み出し、大成功を収めた。

起業家精神 Entrepreneurship

1 新しいビジネスモデルへの挑戦

皆が大反対した「夢の国建設」を構想

起業家としてのウォルト・ディズニーに学びたいのは、〝新しいビジネスモデル〟に挑戦

する、その起業家精神の強さである。

〝夢の国〟の称号で呼ばれるディズニーランドは、そもそもどのように構想が始まったかご存じだろうか？

ウォルトはメディア向けの説明で「娘が近所の遊園地で回転木馬に乗っているとき、大人はベンチに座ってポップコーンを食べているだけだった。そこで、大人も一緒に楽しめる、もっとましな遊園地はないか考えた」と語っている。しかしながら、この子煩悩の父親の思いつき、というのも、ディズニーのお得意のストーリーだ。

実際は、ディズニーランド完成の１９５５年から何年も遡って、ウォルトは「夢の国建設」を構想していたのだ。

新たなビジネスモデルへの挑戦

──「おとぎ話」がこんなに儲かるなんて、誰も知らなかった！

新しいビジネスモデルを成功させた先駆者は強い。**映画もテーマパークも含めてウォルト・ディズニーが起業家としてすごいのは、「おとぎ話の世界という一大ビジネス」を築き上げた点**である。

アニメーションストーリーでキャラクターブランドをつくりあげ、そのライセンスで稼ぐというビジネスもディズニーが先駆者であった。たとえば、「白雪姫」の大ヒットに合わせ、関連商品の販売を大々的に行ない、これも巨額の利益を生み出した。

現在ディズニー社の売上げの実に4分の1が関連グッズの販売から来ていることも、ディズニーの**「新しいビジネスモデルで成功する起業家精神」**の表れともいえるだろう。

また、ディズニーランド建設というテーマパークビジネスに進出することで、前述の能登路教授が言うところの**「二次元の画面を眺めるただの見物人を、三次元空間の参加者に仕立て上げた」**のも、ウォルトが先駆者なのだ。

実際の話、世の中にはウォルトが始めた新たなビジネスモデルにより、多くのエンターテイメント産業が勃興した。彼は一つの映画をつくったのではなく、また企業をつくったのではなく、まったく新しい産業を生み出し、エンターテイメント業界を再定義したのだ。

言い換えれば、**ウォルトの長年の構想と起業家精神がなければ、世界中のディズニーラ**

ンドはおろか、その競合のＵＳＪもその他多くの遊園地を含めた一大産業がこの世に存在しなかったのである。

ディズニーレッスン Disney Lesson 9

新しいビジネスモデルに挑戦しよう。

ウォルト・ディズニーは、おとぎ話をもとにストーリーをつくり、それをライセンスビジネスおよび、テーマパークに転換した先駆者である。ウォルトがいなければ、世界中のディズニーランドやテーマパークという産業自体が存在しなかった。

2 成功に甘んじない「チャレンジ精神」

白雪姫の次は、ディズニーランド建設

これも多くの起業家に共通する傾向ではあるが、ウォルト・ディズニーはいくら成功しても、より大きな挑戦に出つづけた。

ディズニーランド建設前も、アニメ作品がヒットしたらすぐ全財産を次の大作につぎ込み、あっという間に資金繰りが悪化するということを繰り返していた。

１９３０年代の「白雪姫」に関しては、実に４年もの歳月と当時の価値では莫大な金額であった２００万ドルをつぎ込み、文字どおりすべてをなげうってつくられた長編フルカラー映画であった。

ちなみにそのクオリティは非常に高く、能登路教授曰く、「これを戦争していた当時の敵国の兵士が見て、あまりのレベルの高さに戦意喪失した」ともいわれている。

特に７人の小人の動きや表情がすばらしく、あの「おこりんぼ」の表情なんて、最高である。ハイホー♪、ハイホー♪のあの陽気な音楽が、すでにこのころ生み出されていたとは驚愕ではないか。

ちなみに映画の中で白雪姫が井戸に向かって〝アハハハハ〜♪〃と歌うシーンや、小鳥と遊ぶシーンは、いつ見ても色あせない永遠の名場面といえるだろう。

現状に満足せず、次の目標に挑みつづける起業家精神

しかし、この「白雪姫」の大ヒットでひと稼ぎして喜ぶウォルトではない。彼は成功をもとに、さらに大きな賭けに出た。それがウォルトが長年温めてきた構想である、ディズニーランドの建設だ。

ウォルトはディズニーランド建設場所として、南カリフォルニアの人口の中心が南と東の方向に移動していることに注目し、アナハイムが理想的と結論づけた。

当時建設中であった高速道路がここを通っていたこともあって、約73万平方メートルものオレンジ畑に白羽の矢が立てられ、1953年にその広大な土地を購入して用地を確保した。これは幻に終わったミッキーマウスパークの10倍の広さであった（ウォルトは1951年、バーバンク市にテーマパークをつくろうとしたが、騒音を恐れた市当局に土地の譲渡を断られている）。

おまけに１９５５年に一つ目のディズニーランドが完成しても飽き足らず、１９６４年にはオーランドにさらに広大な土地を買い、次の大きな賭けに出る。この「決して満足することなき挑戦スピリット」こそ、世界的な起業家特有の資質といえるだろう。

この**「次の挑戦にありったけの金をつぎ込む」というのは、ウォルトの熱狂的な情熱の現れ**である。そして、この熱狂こそ、世界に進出し多角経営に成功したディズニー社の企業ＤＮＡであり、ほかのアニメ制作会社との差であるように思われる。

ディズニーが巨大グローバル企業に成長しても、その成長の歩みが止まらないのはウォルトの飽くなき「勇気あるチャレンジ精神」のたまものなのである。

10 ディズニーレッスン Disney Lesson

現状の成功に甘んじず、新たな大きな挑戦に乗り出そう。

ウォルトは「白雪姫」の成功で満足せず、全財産をはたいてディズニーランド建設に乗り出した。そして第二、第三のディズニーランド建設に挑戦を続けた。

周囲を巻き込む

Collaboration

1 すべてを捧げるコミットメントが大切

残っているのは〝自信〟だけ

〝リーダーの熱狂的な情熱、パッションが、リーダーと周りの人間をつなぐ〟とはよくいったものだが、実際にウォルト・ディズニーの起業家精神を語るうえですごいのが、自分の強烈なコミットメントの強さで周りを巻き込む情熱の強さである。

私がウォルト・ディズニーの起業家精神を学ぶうえで、一番感動したのが実はこの、**「皆の反対を押し切って必死に説得しているウォルト・ディズニー」の姿、そして、「自分の持ちうるすべてをそれに捧げている強いコミットメント」**を思い浮かべるときだ。

ディズニーランド建設への挑戦は、社内からも銀行からも、兄弟であるロイからも押し寄せられた反対を押し切り、説得する苦難の挑戦であった。

前代未聞の大型テーマパークという計画は「遊園地なんて、バカじゃないの?」と周囲に取り合ってもらえなかった。銀行の支援もつかず、いつも応援してくれる兄のロイさえも反対していた。

ウォルトは周囲の反対をよそに、自分のすべてを投入することをまったく厭わなかった。あれほど巨大な土地に巨大な夢の国を建設すべく、自宅を担保に資金を借り、自分の株を売って生命保険も解約し、自分の別荘も手放したのだ。

そもそも、**周囲のモチベーションを高めるには、その人が全力でコミットメントを示す必要がある。**どんなときでもリーダーの熱狂的な情熱に、人はついてくるものなのだから。

また彼は銀行から融資をとりつけるため、実に303回の銀行交渉をしたとも述懐している。銀行が貸してくれない巨額でリスキーな案件に、自分が持てるものを総動員して財源を集めきった彼の起業家としての情熱には、畏敬の念を禁じ得ない。

自分を信じぬく力が成功の条件——残っているのは、自信だけ

この「周囲からの批判や冷笑に負けることなく、自分を信じぬく力」こそ、起業家としての強さの神髄だ。

実際私の近しい友人が、長年の孤独な旅路、お金を出すわけでもない投資家たちからの冷たい批判にさらされて長い間踏ん張りながら、徐々に顧客の支持を得てチームとビジネスを大きくし、著名な戦略的投資家から巨額の資金調達に成功したケースを見てきた。

彼女は私の前では大きな不安を見せたり、自分のビジネスモデルへの自信が揺らぐ姿を見せてきたが、いったん外に出ると、それこそ自信満々で強気の自分を演じきっていたものである。

曰く、**「私の会社は赤ちゃんみたいなもの。強さもお金もなく、あるのは創業者の自信だけ。私が自信をなくしたら、この会社には何も残らない」**。

私はこの言葉にいたく感動し、今でも胸の中に強く残っている一言である。そしてこの〝自分を最後まで信じてこそ夢は叶う〟というメッセージは、ディズニーランドの最後のイルミネーションショーで「美女と野獣」のポット夫人が息子のチップに優しく教え諭す、ディズニーにとってもっとも重要な教訓でもあるのだ。

結局のところ、成功の可否は、ディズニーでもどんな企業でも、**周囲に信じてもらえず冷笑され、反対ばかりされている自分自身が、どれほど自分を信じぬく強さを持っているかにかかっている**のだから。

11 ディズニーレッスン Disney Lesson

周りを説得するには、自分を信じ自らがすべてを捧げていることが重要である。

身内も含めて反対している皆を、説得してその気にさせるのが、リーダーの仕事である。ウォルトは皆に反対されながら、全財産をつぎ込み、銀行やビジネスパートナーを説得した。

② WIN・WINな関係を構築する

タダでCMを流して番組をつくる方法

あらゆるビジネスを大きくするうえで一番大切な資質が、**利害関係者の思惑を見定めて、WIN・WINな関係をつくりこむこと**だ。ビジネスは結局のところ、相手も大きくならなければ自分も大きくなれないのである。この点、ウォルト・ディズニーのディズニーランド建設に向けた、当時の新興テレビ局ABCとの提携という見事な関係づくりが大いに参考になる。

必要資金の足りないウォルトは、ディズニー映画をうまく活用することを思いついた。ディズニーランド建設の資金繰りに悩んでいたディズニーは、**テレビネットワーク各社と番組制作契約を結ぶ代わりに、ディズニーランドへの出資を交換条件**にした。

また、当時映画界の最大のライバルだったテレビ局とパートナーシップを組み、ディズニーランドへの期待を表現する「ディズニーランド」という番組を制作した。そこではウォルト自身も番組に出演して、案内役を務めていた。

当時、新興プレーヤーであったABCは、CBSとNBCに追いつこうと必死であった。そこでウォルトはABCにお願いして、毎週日曜の番組「ディズニーランド」を一年間つくる見返りに出資の依頼をしたのだ。

毎週ディズニーランドができる前からテレビで1時間の番組を放映しており、工事現場の進捗状況が連日テレビ放映されることとなった。開園の模様もテレビで放送された。

これは、タダでCMを流しながら番組をつくったようなものである。3位に甘んじてい

たＡＢＣ側もこれでずいぶん挽回した。ディズニーにとっては出資の交換条件としてＡＢＣ側に提案したテレビ番組の制作も自社の宣伝になっているのだから、なんとも商売上手ではないか。

なお、アメリカで放映されていたウォルトの自伝ドキュメンタリーでも出ているが、ウォルト自身、**大衆が見たがるキャラクターを演じ、まったく素の自分とは異なる〝ウォルト・ディズニー〟を演じていた**と告白している。

新興メディア・テレビを活用する先見の明

あらゆるビジネスにおいて重要なのが、その業界の新興勢力との協力関係である。

ウォルトは映画スタジオのリーダーとして唯一、テレビといち早く組み、「ミッキーマウス・クラブ」や「ウォルト・ディズニー・プレゼンツ」という番組も始めた。これらの番組ではウォルト自身が司会を務め、テレビ番組として儲けるのみならず、ディズニー作品の無料広告の役割も果たした。

当時、ハリウッドの人たちはテレビをバカにしていたのだが、ウォルトはテレビの力を直感していた。資金調達に苦労していたウォルトは、テレビ業界の新参者のＡＢＣに売り込みに行ったのだ。

これは、テレビ業界で先見性のある人が早期にネットテレビと組んだり参入するのと同じである。**新たなメディア業界の強力なインフラと早期にパートナーシップを組むのも、先を見通せる優秀な起業家の共通点**といえるだろう。

このようにして１９５５年、構想から長年の月日をかけ、ついにディズニーランドが完成したのであった。

ここに学ぶべきは、**今後伸びる相手とパートナーシップを組み、そんなビジネスパートナーに得をさせてこそ、自分も大きくなれるという教訓である。**

ディズニーレッスン 12

Disney Lesson

ビジネスの基本は相手に得をさせ相手を成長させることである。

ビジネスを拡大させながら、自社を宣伝しよう。ディズニー社はABCテレビの戦略的利益に乗じて、自社と双方にとって意義のある協力関係を樹立した。

社会の象徴的企業へ

Social Icon

1 社会に求められる企業になるために

社会の価値観を体現したディズニーランド

ビジネスを大きくするには、社会に広く受け入れられなければならない。そのためには社会に**「自分たちの社会の価値観を象徴するような企業」**だと認識される**必要**がある。

ディズニーランドの創業記念碑の言葉の中に、〝アメリカの理想の体現〟という一節がある。なるほど、よくよく調べるとディズニーランドはアメリカの愛国心と結びついた、文化的象徴としての役割を担ってきたという事実が見てとれる。

以下は冒頭で紹介した能登路教授の著作、およびアメリカで放送されたウォルト・ディズニーのドキュメンタリーの中でも出てくる有名な話だ。

ディズニーはその歴史の中で、アメリカを代表する〝初めての文化的象徴企業〟の役割を果たしている。この背景には、アメリカの歴史が比較的浅く、文化的象徴に渇望していたことが挙げられるだろう。

ディズニーランド建設当時、フランスは〝高品質の権威〟という文脈で認識されており、それを凌駕するものをアメリカ人は欲しがった。能登路教授曰く、アメリカ人は元来、フランスに対するあこがれと反発を有してきたのであった。

実際に当時のテレビ司会者であるカミングズは、ディズニーランドの開園を、エッフェル塔の開幕式にたとえたもので

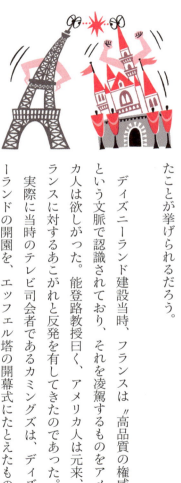

あった。

ディズニーランドが冷戦期に果たした重要な役割

――各国要人をディズニーランドに招いて〝権威づけ〟

新興の企業や施設が権威づけをするには、要人を招くのがてっとり早い。ディズニーランドに自国および外国の要人を招いて、権威づけをすることは、「国の代表的企業」とみなされるうえで非常に効果的であった。

たとえば前述の能登路教授の著書および能登路教授とのインタビューによれば、ディズニーは実際、ベルギー国王やインドのネルー首相など各国要人を招待して正統性を高めた。ニクソンが多くの新規アトラクションのオープン時のテープカットを担ったし、トルーマンやアイゼンハワー、ケネディなどの歴代大統領も訪れている。このことは、ディズニーランドは単なるテーマパークではなく、国家的象徴という色彩が強いことの表れともいえる。

なぜこのような〝遊園地〟に各国の首脳を招いたかといえば、それは当時が冷戦期であったからにほかならない。冷戦期に外国の国家元首を連れていくところといえば、ホワイトハウスや国会議事堂に加え、アメリカの豊かさの象徴的な場所を見せるのが都合がいいのだ。

冷戦当時、米ソ首脳がお互いの力をアピールするために、お互いの国で自慢したい展示をすることとなった。ソ連のフルシチョフは世界初の人工衛星・スプートニクを展示して高い科学技術を誇示したのだが、アメリカ側は冷蔵庫やテレビ、もろもろの家電製品など、庶民がいかに豊かに暮らしているかを展示した。

この〝豊かな生活の見せつけ〟は非常に大きな影響があった。というのも一般庶民にとっては高度な科学技術より、どちらのほうがいい暮らしができるかのほうが、よっぽど重要だからである。

そして、「アメリカの豊かな一般家庭の姿」を演出するうえで、ディズニーランドは恰好のプレゼンテーションの舞台となったのだ。ソ連がどれほど国家資源をつぎ込んでも、共産主義のミッキーマウスやドナルドダックを誕生させることはできなかっただろう。実際のところ、一党独裁政権下では、自由に楽しく冒険するヒーローを社会的に認めるわけにもいかないからだ。これに対し、**国や社会がその存在を自慢したくなるような企業をつくったのが、ウォルト・ディズニーのすごいところ**である。

社会に求められる企業になるには、〝その社会の理想像と価値観〟を体現

かくして、ディズニーランドはアメリカを代表する文化的象徴の地位にのぼりつめるようになった。アメリカ大衆の伝統的価値観や夢がこれほど一カ所に集約され、具体的に表現されている場所は当時、ディズニーランドをおいてほかになかっただろう。

より正確にいえば、ディズニー社は**「アメリカがその理想像を投影したくなる企業」**へと成長した。実際のアメリカ像とかけ離れているという批判があっても、「理想像」を投影できる企業に発展していったのだ。

このことからは、一国の代表的企業としてのぼりつめるには、**「この国の理想像を叶えるにはこの企業が不可欠」と思ってもらえるような企業像を目指すことの重要性**がよくわかる。

今自分が住んでいる国や社会が、「この会社のサービスは、わが国の価値観を体現している」と認識してくれてこそ、政府や社会全体を自社の顧客にすることができるのである。

事業を興すとき、時代の波に乗れているかどうかは非常に重要だ。**国の方向性、社会の価値観、ニーズと、そもそも自分の会社が提供しようとしているサービスの方向性が合っているかどうかで、ビジネスの成長のスピードはまったく異なる**のだから。

13 ディズニーレッスン Disney Lesson

社会の価値観を体現する企業こそ、社会に広く受け入れられる。

「その社会にとって、ぜひとも存在してほしい企業」であれているだろうか？　ディズニーランドは開園当時、アメリカの豊かさの象徴であり、アメリカの価値観を体現する企業として、「トルーマン」「ベルギー国王」「ネルー首相」といった各国首脳クラスを招聘することができた。

②政府への協力

ドナルドダックも参戦した第二次世界大戦

反戦・平和主義者の私としてはいささか驚いたのだが、ディズニーが、戦争協力でひと儲けしたことをご存じだろうか?

ディズニーの財務が第二次世界大戦の政府相手の特需で持ち直したことは、「愛国的企業」という象徴的なポジショニングのみならず、政府のためのプロパガンダ作成が、立派な金儲けにつながることを教えてくれる。

本書のように長年に及ぶ調査に基づきディズニー社の事前チェック無しに出版された、

ガブラーの執筆による伝記「Walt Disney」（邦題『創造の狂気 ウォルト・ディズニー』）という本がある。

ここでは、大戦中のプロパガンダ映画制作は、当時、労働組合との争いや戦争による海外市場の縮小により、経営が圧迫されていたディズニーの生き残りのための方策の一環であったことが記述されている。

不況とウォルトの強烈な愛国心を受け、ドナルドダックが世界大戦に参戦？

ウォルト自身は、熱烈な愛国主義者であった。彼は幼少期、学校でも学級新聞の漫画欄を担当していたが、その内容は愛国主義を強調する内容がほとんどであったという。

愛国的な人というのは、個人の幸福よりも「国全体はこうあるべきだ！」という自分の国家主義的価値観を広めたいという強い動機を有していることが多いものだ。

このことがドナルドダックの第二次世界大戦での〝大活躍〟につながっているのだろうか。実際にYouTubeなどで、ドナルドダックが飛行機を操縦して、米国の敵機を撃墜する当時の映画を見ることができる。

なお、ウォルト・ディズニーの世界大戦参戦の歴史は、第一次世界大戦にさかのぼる。アメリカが第一次世界大戦に参戦すると1918年に高校と美術学校を退学して、兄とともにアメリカ救急部隊に志願した。

まだ16歳で軍人になるには幼かったので、実際に戦地では戦わずに衛生兵としてフランスで時を過ごした。しかし、ウォルトはプロフィールの生年月日をごまかしてでも参戦しようとしたのだから、彼の参戦意欲も相当のものである。

この強い愛国主義が、その後のディズニーのビジネスや発展経路に大きな影響を与えてきたのだ。

大衆の意識変化を商機に――ウォルトは積極的にプロパガンダに協力

ディズニーは、大衆の意識の変化をとらえ、戦争特需に乗ることに成功した。

第二次世界大戦に参戦したアメリカは戦時体制への協力を国内産業へ求めた。そこでディズニーは「反ナチス」のプロパガンダ映画を制作したのである。

第二次大戦中のディズニーのプロパガンダ映画にはドナルドダックが多用されたが、ミッキーは別格の存在として、こうした戦争に関係する役からは距離を置くようにウォルトが配慮していたともいわれている。

大戦当時に同スタジオで制作されたアニメ映画には、前述のドナルドダックが戦闘機で敵国の戦闘機を撃墜するシーンがある。これは、ウォルトが自ら積極的に制作したものだという。

実はこの**プロパガンダ映画の制作は、経営上の必要性にも突き動かされていた。**当時、経営状況が悪化していたディズニーは、新たな商機の獲得に奔走していた。

当時、映画の不発で財務状況が悪化し、さらに戦争の影響でヨーロッパ向け輸出が冷え込み、株価も低迷して倒産の危機にさえ陥った。しかし、戦時のプロパガンダ映画の制作により、経営を立て直すことができたのだ。

ちなみに、ウォルト・ディズニーは経営を安定させる理由で、戦後も引き続き政府の核実験、原子力開発キャンペーンのために「Our Friend the Atom（我が友・原子力）」という映画を制作するなど、政府によるさまざまなプロパガンダに継続的に参画している。

"赤狩り"に熱心だったウォルト・ディズニー
――戦後の反共プロパガンダでも大活躍

ウォルトは愛国主義者であるとともに、強烈な反共主義者でもあった。**当時の政治権力者と政治信条をともにしていたことも、政府との良いビジネス関係を築き上げるのに役立った**ことであろう。

第二次世界大戦後、ウォルトは当時世の中を席巻していた共産主義者の告発にも非常に熱心であった。

実際に、ウォルトの強烈な反共主義に関しても、多くの書籍が残っている。また、反共主義者で知られた共和党選出のリチャード・ニクソン元大統領とも関係が深かったし、大統領選に出馬したタカ派のバリー・ゴールドウォーターを熱心に支持していた。この反共姿勢が、中国やロシアなど旧東側諸国で当時、ディズニーがまったく浸透しなかった一因であろうか。

確かに、旧ソ連でミッキーマウスが流行ったら、ロシア人もアメリカ人に憧憬の感情を抱いたことであろう。ミッキーマウスとはその意味で、文化的帝国主義の一役を担っていたのだ。

たとえば東京ディズニーランドを日本人が盛り上げれば盛り上げるほど、ここに殺到する世界中の観光客は、アメリカ文化に好意を抱くだろう。この意味で、ディズニーランドはアメリカ合衆国にとって、特別な意味合いを有しているのである。

14 ディズニーレッスン Disney Lesson

政府に協力する企業は成長が速い。

ディズニーは政府の戦争および反共のプロパガンダに積極的に協力することで、国民的愛国企業という象徴的ポジションを獲得するようになった。

Column

人間ウォルト・ディズニー、愛国心と人種差別

——ディズニーランド建設当時のアメリカの実態

ウォルト・ディズニー個人を語るうえで避けて通れないのが、ここまで述べてきた愛国心の強さ、反共主義という政治的立場に加え、その人種差別的側面である。ディズニー好きのわれわれは皆、目をそむけたくなるかもしれないが、ここは歴史を鑑にして、勇気を持って過去に向き合わなければならない。

実際にディズニーランドのアトラクションには、今の時代感覚でいうと、「よく許されとるな」というものも少なくない。たとえば私が以前、「ジャングルクルーズ」を体験したときは、「いまどきこんなんでホンマに、いいんか!?」とわれながら独りツッコんでしまったものである。

その〝冒険〟の最後のほうで、探検家が猛獣に追われて木の上によじ登っている。ところが、助手や部下が常に黒人なのだ。今ではハリウッドでも、あえて裁判官や議員

といった社会的地位の高い役割に黒人を配するなど、人種的配慮に余念がないものである。

しかしディズニーランドでは21世紀になっても、黒人を助手、そして原住民がガイコツを持って笑っている姿を子ども向けエンターテイメントの中に組み込んでいたのだ。

なお、この指摘を某経済誌の連載記事で行なったところ、そのしばらく後に再度訪れるとジャングルクルーズのアトラクションの当該シーンは部下がすべて白人に修正されていて、その対応の速さに感心した。

ちなみに、ディズニーランドに同行した、本書第3章で登場するドナルド楠田にその旨を話すと、**「別にムーギーさんのコラムの影響ではなく、単に当初からその予定だったんじゃないですか」**と、私のコラムの影響力を完全に否定され、赤っ恥をかかされたものである。

ウォルト個人の「人種差別疑惑」へのさまざまな批判

さて、このような「人種差別的色彩」を批判しているのは、この私だけではない。

たとえば、ディズニー社が制作したミュージカル映画「南部の唄」は、黒人のさんざんな描かれ方から、公開直後から「全米黒人地位向上協会」（ＮＡＡＣＰ）の激しい抗議を受け、アメリカ本国ではすぐお蔵入りとなった。

ほかにも、ウォルトはかつて、ミッキーマウスやミニーマウスが、アフリカで猿のように描かれた黒人を差別的に扱う漫画を出版し、批判されている。

ウォルトが手がけた作品群には、彼の白人中心視点からなる人種差別、および男尊女卑的な性差別が指摘されている。しかしこれは、ウォルト個人が特別に差別的だったのではなく、当時のアメリカ社会の実態を反映したものであるといえるだろう。

多様性を尊重するグローバル企業へ

これは第3章で詳述するが、ディズニーランドでは白うさぎやドナルドダックといったキャラクターが、来園者への人種差別的対応で訴えられたりもしている。今となっては押しも押されぬグローバル企業のディズニーだが、過去には人種差別問題への意識が希薄で、さまざまな批判に晒されていたのだ。

しかしその後、ディズニーが多様性を取り入れ、世界に冠たるグローバル企業に成長したのは、皆さんご存じのとおりである。特に２０１６年の映画「ズートピア」などは今の国際性豊かなディズニーの多様性を尊重する姿勢がよくわかる名作だといえよう。

この多様性尊重へのシフトは、国際的に巨大なビジネスであるサッカー業界で人種差別に対する厳しい反応があることからもわかるよう、**グローバル企業、グローバル人材にとって人種差別は命とり**になるからでもあろう。

世界に受け入れられるには、世界中の多様性に敬意を表す必要があるのである。

Chapter 2

ウォルト・ディズニーの成長戦略に学ぶ

ハーバードMBAと米国本社に学ぶ、ディズニー戦略の神髄

これまで主筆のムーギーマウスが、ウォルト・ディズニーの誕生からディズニーランド建設や、ディズニーが象徴的な企業に成長するまでの歴史を概観し、ディズニーレッスンを論じてきた。

本章では私、ミニー麻衣子がムーギーマウスとともに彼の魔法の編集を受けながら、映画やテーマパークに限らない、ウォルト・ディズニー社全体の戦略について論じ、その長い成長の歴史から、すべてのビジネスパーソンが学ぶべき教訓を一緒に考えたい。

ディズニーほど、長い歴史を持ちながら永続的に高成長を続けている企業も少ない。

実年齢のディズニーキャラクターたちをイメージしてロサンゼルス在住のロシア人イラストレーター、アンドリュー・タルソフが描いたイラストをご覧になったことがあるだろうか?

最高齢のミッキーマウスが大きな指輪をいくつもはめて車椅子に座り、まるで顔や胸を整形したかのように見えるグラマラスなミニーマウスとともども、かなりお金持ち風に描かれている。

そう、われらがミッキーマウスは実は御歳90歳に迫る高齢ネズミなのである。ミッキーマウスは歳をとらない設定のため「90歳」という表現はディズニー社的にはNGだ。しかし、ディズニー社がミッキーマウスとともに歩んだ歴史は決して短くない。

ディズニー社の始まりは、1923年にウォルト・ディズニーが兄ロイとディズニー・ブラザーズ・スタジオをハリウッドに設立し、子ども向け短編アニメーションの制作を開始したことにさかのぼる。

ミッキーマウスのデビュー作は第1章で述べられたとおり、1928年に公開された音声入り短編アニメーション「蒸気船ウィリー」だ。この年をミッキーマウスの誕生年とすれば、2018年でミッキーマウスは90歳、めでたく卒寿の年を迎えたことになる。

定年退職もせず、世界を股にかけて長年稼ぎつづけた結果、冒頭で紹介したような大富豪になった、というわけである。

米国フォーチュン誌が年に一度発表する全米上位500社（収益順）の平均寿命が80年だ

という。また、ディズニー社の株価は何十年にもわたって上昇しつづけているが、このような傾向が見られるのは、米国でもマクドナルド、コカ・コーラ、ウォルマートなどの一部の優良企業だけだ。

ディズニー社がいかに息の長い、老舗企業であるかがわかるだろう。**ディズニー社はまさに、卒寿にしていまだ高度成長中のグローバルエリート企業**なのである。本章はこの、長期にわたって成長を続けるディズニーの戦略の神髄に迫りたいと思う。

夢の国で学ぶディズニーの総合戦略

ちなみに、本章を執筆したのは私が育児休業をとり復職するまでの約2年間である。息子の寝顔を横目にキーボードを叩きながら思ったものだ。私がこの子くらいのころ、いやもっといえば私の両親が幼いころから続くディズニーって本当にすごい会社だな。キャラクターはかわいいけど、ある意味、化け物だな、と。昼のワイドショーを賑わせる美魔女の美しさの秘訣よりもむしろ、ディズニー社の成長とミッキーマウスの人気が衰えない理由のほうが気になった。

本章の目的は、ディズニーを通してビジネスの戦略を学ぶことである。巷にあふれるディズニー関連のビジネス書は、ディズニーランドの顧客サービスや人材育成に関するものが多い。

これに対して本章では、**テーマパーク事業に限らず、米国のウォルト・ディズニー・カンパニー（以降、ディズニー社）を中心に、ディズニーが手がけるビジネス戦略の教訓を幅広くともに学びたい。**

本章を構成する6つのテーマ「戦略・ビジョン」「提携・買収戦略」「リーダーシップ」「マーケティング」「テクノロジー」「組織戦略」は、いずれもディズニー社がユニークな特徴を持つ分野だ。そしてまた、どのような企業、ビジネスパーソンにとっても、普遍的な教訓をくみ取っていただけるだろう。

創業から今日までのディズニー社の経営史をたどりつつ、ウォルト・ディズニーをはじめとするディズニー社のリーダーや同社の経営上の成功・失敗事例から仕事やキャリアに活かせる「最強のディズニーレッスン」を、楽しみながら一緒に学んでいこう。

私は外資系コンサルティングファーム、ハーバード・ビジネススクール、そして大手外資系企業の戦略部門などで数多くの分析をこなし、商品から事業、全社レベルまでさまざまな戦略を立案・実行してきた。

本章には、その経験・知見と、グローバルなネットワークを活かして収集した情報、そしてディズニー関係者、**ハーバード・ビジネススクールの卒業生でディズニー社勤務経験者へのインタビューとアンケートの結果をふんだんに盛り込んだ。**

本章は、ビジネスにあまり関心のないディズニーファンの方々にとっても、仕事や人生で活かせる実践的なディズニーレッスンが盛りだくさんの楽しい内容となっている。

I would rather entertain and hope that people learned something than educate people and hope they were entertained.

人に教えて、楽しんでくれるよう願うよりも、人を楽しませて、そこから何かを学んでくれるよう願いたい。

ウォルト・ディズニー

ディズニー流にいえば、本章をまずは楽しんでお読みいただきたい。それから、ゲスト（読者）の皆さまと一緒に、あらゆるビジネスに必要な戦略的思考をともに学んでいければ幸いである。

Contents

戦略・ビジョン
Strategy&Vision

1

世界最大の総合エンターテイメント企業

映画を中心に多角経営で幅広く成長

「私の父親は軍人だったの。だから、私は戦略を考えるのは得意」

とある女性CEO、オーロラ・ポット氏（50歳、仮名）と全社の中期戦略を練っていたときのことである。

彼女曰く、進むべき目標点を指し示し、人員などの配備をするのが「戦略」であり、そこへどうやって進むかが「戦術」。**企業に置き換えれば、企業が将来目指すべき姿を示し、お金や時間、人といったリソースの重点投資分野を決めるのが「戦略」**、ということになる。

ディズニー社も2018年現在、長期間にわたって増収増益を続けている。ミッキーマウスが長年にわたって稼ぎつづけ、ディズニー社が成長しつづけている理由、それは幅広い事業構造とシナジーを生む総合戦略にある。

映画を中心に、世界最大の総合エンターテイメント企業に成長

ディズニー社の事業は映画やテーマパークだけに限らず、〝一大総合エンターテイメント企業〟に成長してきた。近年、ディズニー社の業績に大きく貢献したのはなんといっても「アナと雪の女王」（２０１３年）「ベイマックス」（２０１５年）「ズートピア」（２０１６年）といった映画の好調である。

２０１６年には、ディズニー社が年間の世界興行収入の記録70億ドル（約７７００億円）を達成し、業界記録を塗り替えた。２０１７年も「美女と野獣」の実写版で大成功を収めている。２０１８年には「リメンバー・ミー」がオスカー2部門を獲得して注目を集めた。この間、大型買収も繰り返し、２０１７年末に21世紀フォックス社を実に５２４億ドル（約６兆円）で買収することを発表したのは、記憶に新しい。

同社が映画から得ているものは興行収入だけではない。映画から派生する、ありとあらゆる事業を展開し、稼ぎまくっているのだ。

ディズニー社はメディア・ネットワーク、パークス＆リゾーツ、スタジオ・エンターテイメント、コンシューマ・プロダクツ＆インタラクティブ・メディアの４つの事業部門を持っている。

メディア・ネットワーク部門は、アメリカ三大ネットワークの一つである地上波放送局ＡＢＣテレビの広告収入、ディズニー・チャンネル、そして世界最大のケーブルテレビ向けスポーツ専門チャンネルＥＳＰＮなどの視聴料などで稼いでいる。実は、ディズニー社の４つの事業部門のうち一番の稼ぎ頭はこの放送事業である。

パークス＆リゾーツ部門の収益源は、文字どおり米国および世界各地のテーマパークの入場料や飲食・物販、およびディズニー・クルーズ・ラインなどからの収入だ。

ちなみに、米国内のディズニーランドおよびディズニーランド・パリ、香港ディズニーランド・リゾート、上海ディズニーランドはディズニー社の直営だが、世界最大級の

ディズニー社の持つ、4つの事業部門

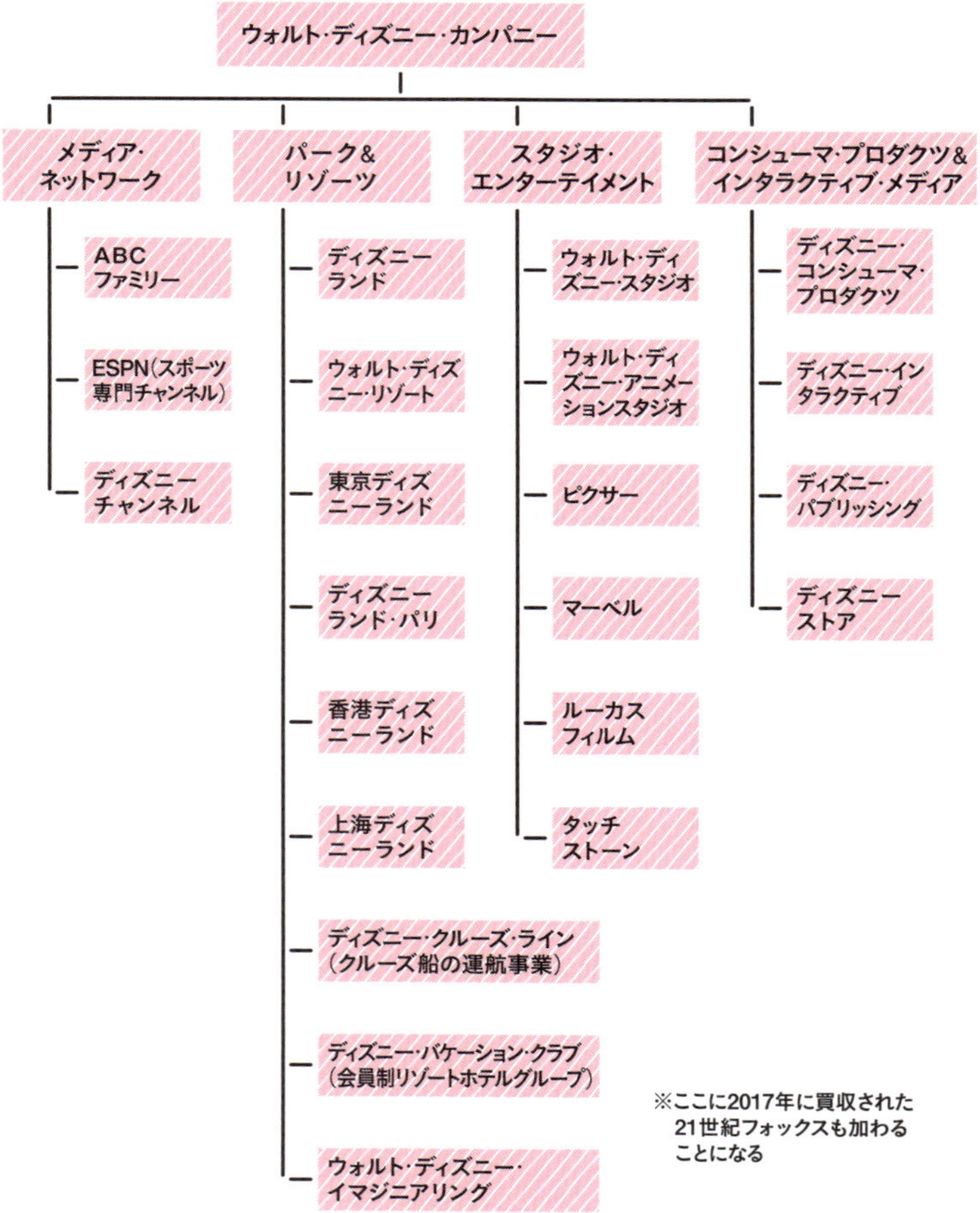

(出典) The Walt Disney Company Fiscal Year 2015 Annual Financial Report And Shareholder Letter

売上げを誇る東京ディズニーランドだけは、唯一ディズニー社の直営ではない。

オリエンタルランド社がライセンス契約によって運営しているため、この部門に計上されているのは東京ディズニーリゾートの売上げの一部にあたるライセンス料のみである。

スタジオ・エンターテイメント部門は映画や音楽の制作販売部門で、買収したピクサー、マーベル・エンターテイメント、ルーカスフィルムに加え、ミュージカルなどもここに含まれる。コンシューマ・プロダクツ部門は、ディズニーキャラクターの商品化権を売っており、インタラクティブ・メディアはゲームなどを取り扱っている。


ディズニー社は**「世界最大の総合エンターテイメント企業」**と呼ばれている。それは、**ディズニー社が劇場用映画を中心に、日本でディズニーの代名詞ともいえるテーマパーク、テレビ、音楽、クルーズ、グッズの小売りと、幅広い周辺事業を自ら展開しているから**だ。

日本でディズニーのビジネスを管轄しているのはウォルト・ディズニー・ジャパン株式会社だが、こちらも2000年に国内の複数の関連子会社を統合し、多角的に事業運営を行なっている。

ディズニー社は当初、映画スタジオとして創業したが、次第にさまざまな分野を開拓して成長の幅を広げた。だからこそ、世界最大の総合エンターテイメント企業として超・長期間の成長を続けられているのである。

ディズニーレッスン 15 Disney Lesson

活動の幅を広げないと成長の幅も広がらない。

ディズニー社は映画を起点とした総合エンターテイメント企業として、映画、メディア、テーマパーク、物販など、さまざまな業務を手掛けて成長を続けてきた。

② テントポール戦略と、フランチャイズ戦略

果敢な重点投資と最強の「横展開」

テントポールとフランチャイズ

――稼げるコンテンツに投資し、超長期で回収しつづけるディズニー戦略の神髄

ディズニーの戦略として重要なのは「テントポール戦略」と「フランチャイズ戦略」だ。前述のさまざまな周辺事業に横展開し、長期間にわたって収益を上げつづけることを狙ってキャラクターやストーリーなどのコンテンツに投資することが、ディズニー社の戦略の要である。

「テントポール戦略」は厳選された大型作品に制作費をつぎ込み、メガヒットを狙う戦略だ。〝テントポール〟とは、大作映画をテントを支える一番高い柱に見立てた表現である。ヒットすればテントを支えることができるが、しなければテントごと倒れてしまう、つまり大きな赤字になるリスクがある。近年のディズニーは年間配給作品を絞り、ほかのハリウッドスタジオの年間本数と比べても圧倒的に少なく、一本当たりの制作予算が高い。

私がハーバード・ビジネススクールで学んだアニタ・エルバース教授の「ブロックバスター戦略」によれば、巨額の予算をかけるほどメガヒットが生まれる確率は上がるという。もちろん例外はあるが一般的にはお金をかければかけるほど、世界で通用する、他社に真似できない作品ができあがり、強いキャラクターやストーリーなどのコンテンツを生み出すことができるというのだ。

映画が、まんじゅうや、ディズニーランドのパレードへ

「フランチャイズ戦略」は、さまざまな商品に横展開が期待できるキャラクターやストーリー〝フランチャイズ〟をさまざまな形でマネタイズ（収益化）する戦略である。

たとえば「アナと雪の女王」の〝フランチャイズ戦略〟を見てみよう。当然のごとく、映画が公開されるや、キャラクターグッズがありとあらゆる店の棚に並んだ。

ファミリーマートではなんと雪だるまのオラフをかたどった「オラフまん（中華まんじゅう）」まで登場し、話題を集めた。もちろん、映画はＤＶＤやブルーレイになり、サントラＣＤは爆発的なヒットを記録した。

総合エンターテイメント企業であるディズニー社の強みが生きるのはここからだ。東京ディズニーランドでは

スペシャルイベント「アナとエルサのフローズンファンタジー」を開催、エレクトリカル・パレードにも「アナと雪の女王」のシーンが加わった。

ディズニー・オン・アイスでは「アナと雪の女王」の劇中歌をふんだんに使い、映画のストーリーが氷上で再現された。スマホ向けのゲーム「LINE：ディズニーツムツム」ともコラボし、アナとエルサがゲームキャラクターになった。

強いコンテンツに果敢に集中投資し、徹底的に横展開して稼ぎ尽くす。これこそがディズニー社特有の戦略の骨子なのである。

16 ディズニーレッスン Disney Lesson

果敢に集中投資し、徹底的に横展開をしよう。

ディズニー社は、テントポール戦略とフランチャイズ戦略で、重点コンテンツをさまざまな事業や商品へ横展開させ、持続的な成長を続けてきた。

③

ガチガチの契約で権利を固める、ライセンス戦略

オズワルドと七人の小人からの教訓

キャラクターの使用権を認める代わりにライセンス料を得るというビジネスモデルを生み出したのは何を隠そう、ディズニー社である。

ディズニー社は著作権に厳しい。それを日本人に思い知らせたのは、１９８７年のとある事件だ。**滋賀県の小学生が卒業記念としてプールの底に描いたミッキーマウスとミニーマウスの絵を「消さなければ著作権違反で訴える」として塗りつぶさせたのだ。**

そもそも、ディズニー社が著作権に厳しくなったきっかけは、第1章で述べられたように、１９２７～28年に制作された短編映画シリーズ「しあわせウサギのオズワルド」の主人公オズワルドである。

ここは非常に重要なので、前章のおさらいをしよう。オズワルドのシリーズはヒットし

たが、ディズニー社はオズワルドの所有権をめぐって配給先のユニバーサル・ピクチャーズと対立。交渉は決裂し、ディズニー社は配給先と人気キャラクターを失ってしまった。

そのうえ、アニメーターもごっそり引き抜かれ、ウォルトたちは倒産ぎりぎりまで追い込まれた。そこで、オズワルドの耳のデザインなどを少しいじって誕生したのがミッキーマウスといわれている。

その後、ミッキーマウスは音声入り短編アニメーション「蒸気船ウィリー」（1928年）で一躍人気者になった。前章でも述べられているが、災い転じて福となすとは、まさにこのことであろう。

オズワルドの一件以来、ウォルトは著作権の管理に非常に神経質になったといわれ、彼の死後もディズニー社は著作権に厳しい姿勢を貫きつづけている。**オズワルドの失敗があったからこそ、厳格に権利を確定したキャラクターライセンスビジネスが生まれた**のである。

七人の小人が支えた、ディズニー創世記
――安すぎた〝ミッキーマウス子ども手帳〟の失敗

今や、ディズニーのキャラクターがついた商品にはより高い値段を払うのが当然のこととして受け入れられている。しかし実は**ディズニー社はかつてキャラクターグッズの販売を超格安で始めてしまうという大失敗を犯している。**

１９２９年、資金繰りに困っていたウォルトは、現金わずか３００ドルと引き換えに、ペンシルタブレット（子ども用のメモ帳）の表紙にミッキーマウスのイラストを使用することを許諾してしまった。

しかし、これにウォルトは不満だった。キャラクターグッズ販売に大きな可能性を感じ、高品質の商品だけをディズニーグッズとして販売したい、と考えていたからである。

そこへ登場したのがケイ・カーメンという人物だ。１９３２年、ディズニー社は儲けを折半する条件でカーメンとキャラクターグッズの開発から販売・流通までの委託契約を結ぶ。

カーメンのおかげで、百貨店にはディズニーのあらゆるグッズが並び、商品カタログの定期刊行も開始され、その収益でディズニー社は「白雪姫と七人の小人」の制作に着手する。

また、映画公開に合わせてマーケティングキャンペーンを打ち、市場をキャラクターグッズであふれ返らせたおかげで、映画は大ヒットした。ディズニー社はカリフォルニアに最先端のスタジオを建設することができたのだ。

ディズニー社の苦境を救ったのは、白雪姫の大ヒットとそのライセンス戦略の成功であった。カリフォルニア州バーバンクのディズニー本社に1990年に建設されたチーム・ディズニー・ビルには屋根を支える七人の小人のデザインが施されている。これは「白雪姫と七人の小人」の成功が同社を経営危機から救ったことにちなんだものだ。

All the adversity I've had in my life, all my troubles and obstacles, have strengthened me… You may not realize it when it happens, but a kick in the teeth may be the best thing in the world for you.

人生で経験したすべての逆境、トラブル、障壁が私を強くしてくれた。そのときにはわからないかもしれない。しかし、ひどい挫折を味わうことが何よりも自分を成長させるのだ。

ウォルト・ディズニー

いったんは苦境を免れるためにやむを得ない決断をしながらも、同じ失敗を繰り返さなかったウォルト。魅力的なキャラクターライセンスビジネスを生み出すことができたのは過去の失敗から彼が教訓を学んだからである。

17 ディズニーレッスン Disney Lesson

すべての逆境・失敗・障害が自分の会社を強くする。

ミッキーマウス子ども手帳の失敗から、強力なライセンスモデルが誕生し、「白雪姫と七人の小人」のキャラクターグッズが、ディズニー社の草創期の躍進を支えた。

Column

オズワルドのその後

――コンテンツを生かすも殺すも、会社次第

ディズニーの原点、ミッキーマウスの前身ともいえる、「しあわせウサギのオズワルド」。ユニバーサル・ピクチャーズにその所有権が移った話には後日談がある。

ユニバーサル・ピクチャーズのもとでもオズワルドを主人公とした映画の制作が続けられたが、1929年にディズニー社がミッキーマウスを世に送り出すと一気に形勢が逆転、オズワルドの人気は急落する。

白い手袋をはめるなど、ミッキーマウスに似せたキャラクターデザインに変えるヤケクソともいえるような策を講じたものの、効果はなかった。

一方、ユニバーサル・ピクチャーズにも、ウッディー・ウッドペッカーという看板キャラクターが誕生する。今やUSJの顔となった、特徴的な鳴き声のあのキツツキである。こうしてオズワルドは「ウッディー・ウッドペッカー・ポルカ」（1951年）

へのゲスト出演を最後に表舞台から姿を消し、人々に忘れ去られてしまったのである。

ディズニー社を離れ、お金にならないお荷物キャラクターに落ちぶれたとはいえ、ウォルトにとってオズワルドは初めての子ども同然。一説によると、オズワルドをディズニー社に取り戻すよう、遺言を残していたともいわれている。

トレードでディズニーに還ったオズワルド
――前代未聞の〝人VSキャラクター〟トレード

それから半世紀以上を経た2005年、オズワルドに再びスポットライトが当たる。新しいCEOに就任したロバート・アイガーが「ディズニーの伝統への回帰」を唱え、その一環としてオズワルドの所有権奪還に乗り出したのだ。

そしてなんと、ABCテレビの有名スポーツコメンテーター、アル・マイケルズを譲り渡すことを条件とした、前代未聞の〝ヒトVSキャラクター〟のトレードを実行したのだ。こうして、ディズニー社はキャラクターの所有権とウォルトが制作した数多くの短編作品の権利を取り戻し、不遇のオズワルドがようやく故郷の夢の国に帰ることができたのである。

晴れて**ディズニーキャラクターとして復活を遂げたオズワルドのフランチャイズは、順調にマネタイズ（収益化）されている。**2007年にはオズワルドの短編作品を収めたDVDとキャラクターグッズの販売が開始され、2012年からはディズニーパークにもそれらのキャラクターが登場している。

日本でも、2014年から東京ディズニーシーのグリーティングでオズワルドに会えたのだが、これは翌年に終了。ところが2016年、オズワルドが東京ディズニーシーに再び姿を見せ、2018年現在では東京ディズニーランドでもオズワルドカチューシャが高校生など若者の間で人気を博すなど、その様子がSNS上で大きな話題になっている。

苦労人オズワルド、ゲームでディズニーに復活

かつては短編映画の主人公として人気だったオズワルドだが、現代におけるフランチャイズの起点は映画ではなく、その復活の場はもっぱらゲームである。

オズワルドのディズニー再デビューは、2010年（日本では2011年）発売のWii用ゲームソフト「エピックミッキー」シリーズだ。舞台は「ウェイストランド」と呼ばれる、忘れ去られたディズニーキャラクターたちが暮らす世界。

オズワルドはミッキーマウスにスターの座を奪われ、〝一発屋芸人〟のごとく人々から忘れ去られたことを恨んでいる、という設定だ。

また日本では、スマホ向けゲーム「LINE：ディズニーツムツム」のキャラクターとして登場し、時を超えてその存在が知られるようになった。

ゲームの世界で華やかに返り咲きを果たしたオズワルドは、その後、3Dアニメーション短編映画「ミッキーのミニー救出大作戦」でミッキーマウスとの共演を果たしている。

正直にいえば私もオズワルドを〝偽ミッキー〟くらいにしか思っていなかったが、この後日談を知ってからはミッキーマウスよりもむしろオズワルドのほうに親近感を覚えるようになった。

何もかも完璧な優等生よりも、苦労人のほうが魅力的に見えるものだ。この話は、**同じキャラクター（人材）でも、それを扱う会社や戦略次第で、その価値が大きく変わることも教えてくれているのである。**

提携・買収戦略

Partnership & Acquisition

1 買収戦略で「自前でやらないことを決める」

流通網・技術・コンテンツの積極買収

ディズニーはビジョンを達成するうえで、すべてを自前でやるわけではない。積極的な提携ないし買収を行ない、戦略の実行の迅速化に熱心な企業でもある。

一般的に多少優秀な人ほど自分を過信し、助けを求めるのを躊躇しがちだ。しかし、**成長のスピードを維持するためには、時には他人の力を借りることも必要**なのだ。日々刻々と変化するビジネス環境に対応するためには、新しい知識やスキルの獲得が不可欠である。しかし、すべてを短期間で自力で身につけようとしても無理がある。

いくら頭が良くても、実務経験を積むには時間がかかるからだ。

前述のウォルトが描いた〝目指すべき将来像〟を実現するためにディズニー社は買収を行なっている。**すべてを内製化に頼らず、買収を行なうことで、事業や資産を迅速に入手している**のだ。

ディズニー社の買収の目的は大きく分けて三つある。**コンテンツの流通網拡大、アニメ**

ーション制作の技術力の強化、そしてコンテンツの補強である。

コンテンツの流通網は、企業買収によって拡大

流通網に関する提携・買収も、ディズニーの戦略に学ぶことは大きい。ディズニー社は1995年にABCネットワークを買収している。当時は、家庭用ビデオ市場が拡大し、放送の多チャンネル化が進んでいた。家庭用ビデオは自社でつくれるが、放送網は自前で構築するのは難しい。

そこで、ABCの地上波ネットワークを買収することにより、地方の放送局やケーブルテレビ局、そして海外にも映画やテレビ番組を供給できるようにしたのだ。

第1章でも述べられたとおり、ABCテレビは、ウォルト自身が出演するテレビ番組「ディズニーランド」（1954〜1958）を放送する代わりに、ディズニーランドへ出資したという古くからの縁があるテレビ局である。

しかし、いかにディズニー社といえども、すべてがうまくいくわけではない。1990

年代の半ばには、検索エンジンを運営するインターネット企業のインフォシークを買収した。自前のインターネットポータルサイトを持っていれば、ユーザーの囲い込みができるだけでなく、将来的にブロードバンドでコンテンツを配信するサービスへの展開も有利に進められると考えたわけだ。

しかし、インフォシークは**YAHOO!などとの競合に敗れ、ディズニー社は2001年に赤字のままの撤退と大量リストラを余儀なくされた。**

コンテンツの流通網に関して近年、米国で新たな変化が起きている。若者を中心に、これまでのケーブルテレビから、NetflixやHulu、アマゾンプライムといった完全定額制ストリーミング動画配信サービスへ乗り換える動きだ。

こうしたことはディズニー社一の稼ぎ頭である放送事業の大黒柱、スポーツ専門チャンネルESPNの加入者数の減少を招き、業績や株価の悪化要因となっている。

このような変化にともない、ディズニー社は2016年9月からディズニー、ピクサー、マーベル・エンターテイメント、ルーカスフィルムの映画をNetflixで独占配信しはじめたが、その後はNetflixから作品を引き上げ、ディズニー自身が配信サービスを立ち上げるという流れに舵取りを変えている。なお、ストリーミング動画配信という新しい流通網を手に入れるために、ディズニー社がどこを買収するのか注目されていたが、**2017年末に21世紀フォックス社の超大型買収が発表されたのは、前述のとおりである。新たな流通網とのコラボレーションや買収に長けているのも、ディズニーの戦略の強み**なのだ。言い換えれば、多少遅れをとっても、その圧倒的な資金力による買収で遅れを取り戻せるのだ。

アニメーション制作の技術力も買収によって強化

技術水準の向上に関しても、何もかも自前調達にこだわらなくていい。アニメーション制作の技術力強化に一役買ったのが、ピクサーの買収である。一度はフルCGアニメーションの波に乗り遅れたかに見えたディズニー社だが、この買収によって大逆転を果たした。

ウォルトの死去以来、長く低迷していたディズニー・アニメーションは「リトル・マーメイド」（1989年）「美女と野獣」（1991年）「アラジン」（1992年）「ライオン・キ

ディズニー社が買収した主な企業

	買収した企業	分野	買収価格
1993年	ミラマックス（2011年売却）	映画制作	7000万ドル
1995年	ABC、A&E Television Networks、ESPN	放送	190億ドル
1998年	インフォシーク	インターネット	7000万ドル
2001年	FOX Family Worldwide	放送	52億ドル
2006年	ピクサー	映画制作／キャラクター	74億ドル
2009年	マーベル・エンターテイメント	コミック／キャラクター	42億4000万ドル
2012年	ルーカスフィルム	映画制作／キャラクター	40億ドル
2017年	21世紀フォックス	映画・テレビ制作、放送事業	524億ドル

ング」（1994年）と、第二次黄金期を迎えた。

しかし、**制作本数を増やしすぎたことにより品質が低下し、アニメーション映画に関していえば「ライオン・キング」を最後に、2009年の「プリンセスと魔法のキス」まで、興行成績1位の映画を生み出せないという苦境**にあった。

この間に起こっていたのが、かつてディズニーの代名詞でもあった伝統的な手描き2Dアニメーションから、フルCGアニメーションへの転換である。

実は、世界で初めてCGを本格的に使用した映画は「トロン」（1982年）というディズニー配給の映画だ。当時、ディズニーの社員だったジョン・ラセターは、「トロン」がディズニーの制作でないことに疑問を持ち、社内でCGアニメーションの制作を提案して回った。彼には先見の明があったわけである。しかし、CGの普及で仕事を失うのではないかと心配する人々の反感を買い、ラセターはディズニー社をクビになってしまう。

出遅れたフルCGアニメは、ピクサー買収で挽回

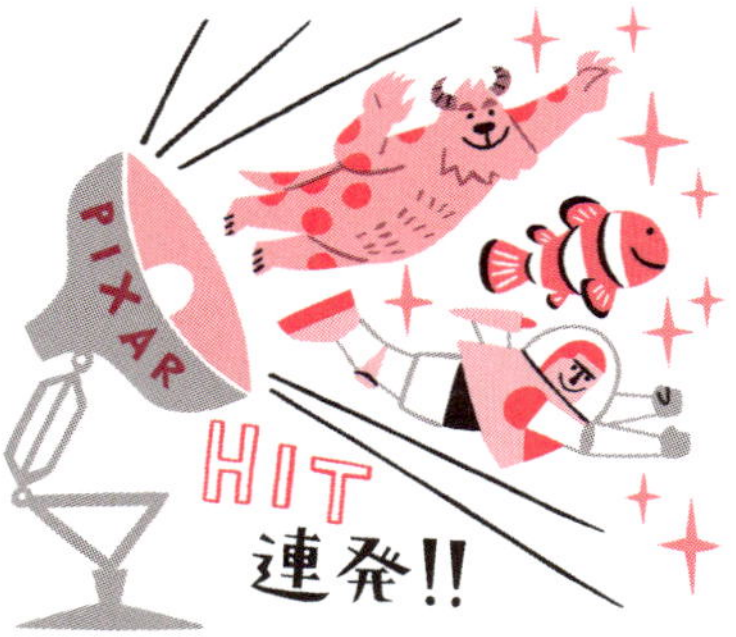

失意のラセターを迎え入れたのが、ルーカスフィルムのコンピュータ部門、現在のピクサーである。その後、ピクサーは世界初の長編フルCGアニメーション映画「トイ・ストーリー」（1995年）を公開して以降、「バグズ・ライフ」（1998年）「トイ・ストーリー2」（1999年）「モンスターズ・インク」（2001年）「ファインディング・ニモ」（2003年）と矢継ぎ早にヒット作を世に送り出した。これによりフルCGアニメが映画界を席巻することになる。ディズニー社は置いてけぼりを食っ

たことになる。

ディズニー・アニメーション・スタジオを復活へと導いたのは、ほかでもないこのピクサーだ。２００６年にディズニー社がピクサーを買収、かつてディズニー社を追われたラセターが両スタジオのチーフ・クリエイティブ・オフィサーを兼任することになった。

ラセターは議論を重ねて脚本を練る現場主導のピクサーの制作手法を取り入れつつ、手描き２Ｄアニメーションやミュージカルの要素といったディズニーの伝統を重んじることで、ディズニースタジオに創造性を取り戻した。

「塔の上のラプンツェル」（２０１０年）「シュガー・ラッシュ」（２０１２年）「アナと雪の女王」（２０１３年）などの**フルＣＧアニメーションの大ヒットは、このピクサー買収のおかげ**なのである。

We can only solve it together.
一緒だからこそ、解決できるの。

「ズートピア」より、ジュディ・ホップスの台詞

ディズニー映画では仲間と力を合わせることの大切さが強調されるが、それはディズニー社のビジネスでも同じなのだ。

コンテンツも、買収して補強――フランチャイズ戦略を見越した大型買収

ピクサーの買収によって、アニメーション制作の技術力以外にもディズニー社が得たものがある。それは、新たな男の子向けコンテンツである。

「トイ・ストーリー」（1995年）のウッディやバズ・ライトイヤー、「モンスターズ・インク」（2001年）のサリーやマイク、「カーズ」（2006年）のマックィーンなどは男の子向けのストーリーとキャラクターだ。

同様に、**マーベル・エンターテイメントとルーカスフィルムの買収もディズニーが弱みとしていた男の子向けコンテンツの補強につながった。**

マーベル・エンターテイメントは、〝アメコミ〟と呼ばれるアメリカンコミックス、つまりアメリカの漫画作品をコンテンツとして持っている。スパイダーマン、アイアンマン、

キャプテン・アメリカなどがそうだ。ルーカスフィルムの代表作はもちろん、「スター・ウォーズ」である。

ディズニー社はこれらの新たなコンテンツを使った「フランチャイズ戦略」によって継続的に収益を上げることを見込んで、次々と大型買収を行なっているのだ。

巨額の予算をかけるほどメガヒット映画が生まれる確率は上がるが、一方でキャラクターやストーリーの人気が出て定着するまでには時間がかかる。**映画制作や配給に長けたディズニー社が買収によって、すでに人気の高いコンテンツを獲得すれば、競合の一歩も二歩も先を行くことができる、**というわけである。

All you've got to do is own up to your ignorance honestly, and you'll find people who are eager to fill your head with information.

正直に自分の無知を認めよう。そうすれば、熱心に知識を与えてくれる人が現れるものだ。

ウォルト・ディズニー

戦略立案において重要なのは、何をやるかを決めるだけでなく、何を自力でやれないか、

勇気を持って認めることでもある。自力でできないことは潔く外部に頼り、協力する。これもディズニー社の戦略からの教訓なのだ。

18 ディズニーレッスン Disney Lesson

〝自前能力〟だけではなく、〝コラボレーション能力〟が競争力を決める。

ディズニー社もABCを買うことで米国内の流通網を強化した。またピクサーを買収することでフルCGアニメーションの遅れを取り戻し、男の子向けコンテンツにも幅を広げることに成功した。

2 戦略とブランド・プロミスを明確に伝達

巨大化し、時空を超えても自分を見失わないために

組織が大きくなればなるほど必要なのが、シンプルにその戦略やブランドの神髄を、全社にあまねく浸透させることである。ディズニー社のように、**さまざまな買収をしながら**

巨大化していっても強力なブランドアイデンティティを保つには、戦略やビジョンが明確に浸透している必要がある。

注目すべきは、**ウォルトが描いたディズニー社の目指すべき将来の姿や思いが、時を超え距離を超えて会社全体で共有されている**ことだ。

創業者のビジョンの強さは非常に重要だが、それを時空を超えて伝えつづける努力はそれ以上に大切である。

たとえば、米国スターバックス本社では「タウンホールミーティング」と呼ばれる全社集会が定期的に行なわれ、創業者ハワード・シュルツの生の声を間近で聞くことができる。集会が終わるころには誰もがハワードに共感し、情熱に点火された状態になるのだ。

実は、ハワード・シュルツは、２０００年にいったん会長の座を退いたものの、業績悪化をきっかけに２００８年にＣＥＯに返り咲いた経緯がある。

米国アップル社のスティーブ・ジョブズ、日本ではユニクロの柳井正など、創業者が返り咲いて成功した例は少なくない。しかし、創業者が自分の言葉で、直に社員に語りかけられる期間と範囲には限りがある。だからこそ、**会社が生きつづけるには、リーダーがビ**

ジョンと思いを伝える努力や工夫が必要なのだ。

画と言葉で伝えよう——シンプルでわかりやすいメッセージは時空を超える

ウォルト・ディズニーはまさに彼らしいやり方でビジョンと思いを伝えている。ディズニー社のアーカイブに、ある図面が保存されている。

図面には、劇場用映画を中心に、テレビ、音楽、本と漫画、ディズニーランド、マーチャンダイジングなど、ディズニー社の事業がマッピングされ、相互関係が説明付きの矢印で示されている。この図面がウォルト自身によって描かれたのは１９５７年。すでにこの時点で、ウォルトは総合エンターテイメント企業となったディズニー社の青写真を思い描いていたことがわかる。

今ではメディア部門の比重が大きくなり、ピクサー、マーベル・エンターテイメント、ルーカスフィルムを買

収して、現在のディズニー社はより複雑になっている。しかし、**同社の姿がほぼウォルトが描いた未来像のとおりになっている**のには驚かされるばかりだ。

ウォルトは企業の目標として、「To make people happy（人々を幸せにすること）」をビジョン・ステートメントとして掲げた。ウォルトはディズニー社が目指すべき将来の姿を、目で見てすぐわかる図面に、シンプルでわかりやすいキャッチフレーズをつけて後世に伝えたのである。

ブランド・プロミスを掲げよう
——会社が大きくなるほど、組織のアイデンティティ共有が大切

ディズニー社が買収を重ねて大きく複雑になっても〝ディズニーらしさ〟を失わないのは、その世界共通のブランド・プロミスが浸透しているからであろう。

ウォルト・ディズニー・ジャパン現役社員プー氏（44歳、仮名）によると、現在、ディズニー社は「Disney is special entertainment with heart（ディズニーはハートのこもった特別なエンターテイメントをお届けします）」を世界共通のブランド・プロミスとして掲げている。

ブランド・プロミスは社員が迷ったときに立ち返って判断する根拠となり、顧客に対する行動指針にもなる。マーベル・エンターテイメントとルーカスフィルムも、買収されたのちに同様のブランド・プロミスをつくった。

会社が大きくなり、社員が増えるほど、組織のアイデンティティを見失わないために、「自分たちらしさ」の再確認をすることが必要になる。

海外進出や大型買収によって成長を続けながらも、**ディズニー社が〝ディズニーらしさ〟を失わないでいられるのは、シンプルでわかりやすいブランド・プロミスがウォルトの思いを伝えているから**なのだ。

Remember who you are.

忘れるな、お前が誰であるかを。

「ライオン・キング」より、亡霊ムファサの台詞

成長の過程で誰しも自分を見失いがちなものである。そんな中、常に自分の原点に立ち返り、自社が社会に約束したブランド・プロミスをみんなで思い起こすことが、時空を超えて自分らしさを保つための秘訣なのである。

19 ディズニーレッスン Disney Lesson

戦略とブランド・プロミスをシンプルかつわかりやすく伝えよう。

「リーダーがビジョンや戦略を伝える努力」を怠れば、成長の過程でその企業の本質を見失ってしまう。さまざまな買収を通じて長期間成長を続けながらも、ディズニー社が本質を見失わないのは、目指すべき将来像や行動指針が、ブランド・プロミスでシンプルかつわかりやすく共有されているからである。

リーダーシップ

Leadership

1 逆境での強さがリーダーシップの条件

苦境をチャンスに変えた、アイズナーとアイガー

リーダーに必要なのは、逆境を乗り越えられるかどうかである。なんといっても、順調なときは別にリーダーなどいなくても、うまく回るのだから。

ディズニー社はその長い歴史の中で何度も窮地に陥ってきたが、異なる競争環境と困難に陥るたびに、強力な新しいリーダーに救われてきた。

ディズニー社といえば、創業者のウォルト・ディズニーがもっとも有名だ。しかしビジネス界ではウォルトのほかにも注目されたリーダーたちがいる。マイケル・アイズナーとロバート・アイガーだ。

二人はどちらも、逆境の中でディズニー社に変革をもたらし、業績を飛躍的に高めた不屈のリーダーである。

マイケル・アイズナー（1984〜2005年）

――古巣からスタープロデューサーを招き、家庭用ビデオに対応し、事業も多角化

創業者のウォルトが後継者を明らかにしないまま1966年に亡くなったのち、ディズニーの映画部門は長期の苦境に直面し、パークの来場者数も減少していた。**その後20年間にわたってディズニー社の業績も悪化、敵対的買収の格好のターゲットにもなっている。**そんな**瀕死のディズニー社を復活に導いたのがマイケル・アイズナー**である。

アイズナーは、メディア業界の再生請負人だ。70年代にはABCテレビの副社長として視聴率をアメリカ三大ネットワーク中の最下位から1位へと躍進させ、80年代にはパラマウント・ピクチャーズの社長兼COO（最高執行責任者）として「サタデー・ナイト・フィーバー」「レイダース／失われたアーク」「フラッシュダンス」などをヒットさせた人物である。

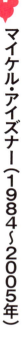

アイズナーが直面したのは、ディズニー社の中心である映画部門が低迷しきった、瀕死の状態という逆境である。

まず、アイズナーは、パラマウント時代の元部下でプロデューサーのジェフリー・カッツェンバーグを引き抜き、映画部門の責任者に抜擢した。

カッツェンバーグは「リトル・マーメイド」「美女と野獣」「アラジン」「ライオン・キング」と、誰もが知る大ヒット作を連発し、〝ディズニー・ルネッサンス〟とも呼ばれる第二次黄金期をアニメーション部門にもたらした。新しい映画のキャラクターやストーリーは横展開され、パークの業績も回復した。

俳優のギャラ高騰で新作映画が出せない状況だった実写映画には、人気のピークを過ぎた監督や俳優を使って制作費を抑え、制作本数を増やした。これが功を奏し、「プリティ・ウーマン」（１９９０年）が全米興行収入第１位に輝く。

また、アイズナーは、家庭用ビデオの普及という外的脅威さえも、商機に変えている。

過去の名作から最新作までをビデオ化し、さらにはビデオ専用に過去の名作の続編をつくって家庭向けに販売し、新しい収益源にした。日本では「アラジン」を２２０万本、「白雪姫と七人の小人」を１８０万本販売したという。

また前述のとおり、アイズナーは任期中にＡＢＣ、インフォシークを買収し、テレビ番組や映画の流通網拡大を図ったのだ。

ほかにもアイズナーは、クルーズ船、ミュージカルなどの新規事業へも進出し、キャラクターグッズを独占的に販売するディズニー・ストアの展開も拡大した。**東京とパリにテーマパークを開園したのもアイズナーだ。**こうして、ウォルト亡きあとのディズニー社を再生させたのがアイズナーなのである。

ロバート・アイガー（２００５〜２０１９年〈予定〉）
――ブランドの価値を高め、フランチャイズを強化。デジタルコンテンツ化も強力に推進

どのような強力なリーダーにも、賞味期限がある。

アイズナーはディズニー社の再建に成功した。しかし、映画の制作本数を増やしたことによる品質の低下や、低予算で低品質な続編を安易に連発したこと、そしてフルCGアニメーションの流れに取り残されたことでアニメーション部門が衰退し、ディズニー社の業績は再び悪化に転じてしまう。そこへ登場したのが、ロバート・アイガーだ。

アイガーは、地方テレビ局の天気予報担当からABCテレビの社長兼COOにまで上りつめた人物だ。その後、ABCテレビが買収されたのを機にディズニー社の社長兼COOとなり、2005年にアイズナーの後継者として会長兼CEOに就任した。

コラボレーションと競争のジレンマ
――ピクサーとの協力と競争、ジョブズとの関係修復

新たな競争環境には、新たなリーダーが必要である。アイガーが直面したのは、フルCGアニメーション時代への対応の遅れとピクサーとの対立、デジタル配信技術の進歩とい

う新たな競争環境であった。

ピクサー作品はディズニー社が配給していたため、ピクサー作品がヒットすればディズニー社は潤うが、作品の作り手という意味での競争ではピクサーに負ける、という複雑な状況があった。前任のアイズナーは、配給契約の更新をめぐってスティーブ・ジョブズと激しく対立もしていた。

アイガーは、CEOに就任するとすぐにジョブズとの関係修復へと動き、2006年のピクサー買収につなげた。ピクサーの買収がディズニー・アニメーション・スタジオを復活へと導き、「アナと雪の女王」の大ヒットを生んだことは前述のとおりである。
さらに、2009年にはコミック大手のマーベル・エンターテイメント、2012年にはルーカスフィルムを買収し、コンテンツを拡充した。将来的に横展開が可能なコンテンツを開発したり、買収する一方で、映画の制作本数を減らし、制作費に対する収益性の向

歴代のディズニー社のCEOの業績

CEO	在任期間	株価変動率
マイケル・アイズナー	1984/9/22 ～ 2005/10/2	1815%
ロバート・アイガー	2005/10/2 ～ 現在	328%
カードン・ウォーカー	1976/12 ～ 1983/1	60%
ロナルド・W・ミラー（ウォルトの娘の夫）	1983/2 ～ 1984/9/21	−4%
ドン・テータム	1971/10 ～ 1976/11	−13%
ロイ・O・ディズニー（ウォルトの弟）	1929 ～ 1971/10	——

（出典）The Walt Disney Company Webサイト「Investor Relations – Advanced Stock Information」〈https://thewaltdisneycompany.com/investor-relations/〉および株価参照（2018年3月時点）

上を求め、フランチャイズ戦略に力を入れるようになった。

ちなみに、アイガーとジョブズとの関係修復のきっかけは、アップルのiTunesにアイガーの古巣ABCテレビの人気番組「LOST」を供給したことからだという。

iPodにビデオ映像を最初に配信したのはディズニー社である。そしてデジタルコンテンツ戦略にも積極的になり、テレビ番組や映画のデジタル配信にも積極的になったという。**ディズニー社はアイガーの指揮下において、フルCGアニメーションで逆転するだけでなく、デジタルコンテンツ戦略でも一歩先んじたのだ。**

“逆境”の性質に応じた、新たなリーダーが必要

歴代のディズニー社のCEOの中で、アイズナーとアイガーは大きな逆境の中で登場したが、この二人の業績はずば抜けている。アイズナーは株式時価総額を約20倍に、アイガーは3倍以上に押し上げた。

1984年にアイズナーがディズニー社の会長兼CEOに就任したときには、なんと42歳の若さだった。

長期政権が続く現在のアイガーのCEO任期が終わったあと、どのようなリーダーがディズニー社に現れるのだろうか。

ディズニー社を継続的に成長させてきたのは、若きリーダーの新たなリーダーシップスタイル、彼らが連れてくる人脈、そして「逆境への強さ」なのである。

The flower that blooms in adversity is the rarest and most beautiful of all.

逆境に咲く花こそ、もっとも貴重でもっとも美しい。

「ムーラン」より、皇帝の台詞

リーダーシップの基本条件の一つは逆境に強いことだ。そして、逆境の種類に応じて必要なリーダー像も異なってくるのである。

20

ディズニーレッスン

Disney Lesson

変化の時代に求められるのは、逆境を乗り越えられるリーダーシップである。

ディズニー社は逆境のたびに、アイズナー、アイガーといった苦境に対処するリーダーを招き、新たな競争環境に対処してきた。

Column

アイズナーとアイガーの対照的なリーダーシップスタイル

リーダーシップスタイルは人によって異なり、自分の個性と事業環境に応じた〝リーダーシップの引き出し〟を多く持っていることが重要である。ハーバードの同窓生で、ディズニーで長らく働く友人曰く、ビジネス至上主義だったアイズナーに対し、アイガーは、ファミリーや子どもを大切にする企業としての基本に立ち返り、ブランド価値を高めてディズニー社を再び復活へと導いたリーダーだ。

アイズナーとアイガーは、どちらもディズニー社の業績を高めたリーダーだが、二人のリーダーシップスタイルは対照的である。なかでも、ディズニー社の成功を支える、映画制作における「クリエイティビティ（創造性）」のマネジメントと、事業間の「シナジー（相

乗）効果」のマネジメントにその違いが現れている。

「クリエイティビティ（創造性）」のマネジメントに関していうと、アイズナーはパークの設計にも映画の制作にも細かく首を突っ込み、アイデアをトップダウンで割り振る、工場のようなプロセスで物事を進めた。いわゆるマイクロマネジメント型のリーダーだ。

一方、**アイガーは個人の専門性を重視し、決定を部下にまかせている。**買収したピクサーのエド・キャットムルとジョン・ラセターに権限を委譲し、個人の能力と専門性を高めることで、ディズニーの映画部門にクリエイティビティを復活させることに成功している。

「シナジー（相乗）効果」については、アイズナーは戦略的に事業多角化を進めると同時に、いわば強制的に事業間のシナジーを促進しようとした。

たとえば、上級管理職に「ディズニー・ディメンション」という、1週間あまりにわたって朝7時から夜11時までぶっつづけで講座を受けさせるブートキャンプをさせた。強制的に過酷な環境下に置くことで、参加者の間に生まれる絆がシナジーを生むと考えたわけである。

対照的に、**アイガーのスタイルは、協同によってシナジー効果を活性化させるやり方**だ。海を越えて、ウォルト・ディズニー・ジャパンでも部門間の協業、コラボレーションが推奨されており、社員は実際そのように行動するという。

かつては、日本でも映画、キャラクターグッズなどの事業を別会社がそれぞれのオフィスで運営していた。ハーバードの同窓生でディズニーで働く友人曰く、アイガーがCEOになってからは事業間の横串連携がずいぶん強化されたそうだ。

リーダーシップのスタイルには、会社の状況と個人の個性、また社員の能力や事業形態に応じてさまざまなスタイルがある。

あなたのリーダーシップはアイズナー型だろうか、アイガー型だろうか？　それとも、多様なリーダーシップの引き出しをお持ちだろうか？

そもそも最適なリーダーシップスタイルとは、その社員のレベルを含めた環境や文脈で変わってくるので〝複数のリーダーシップスタイル〟を知っておくことが大切だ。本書が、ご自身に合ったリーダーシップスタイルを考えるきっかけになれば幸いである。

② 協力関係を築けないリーダーは消える

スティーブ・ジョブズとの関係をめぐって社長が交代

ディズニー社の好業績に貢献したリーダーとしてマイケル・アイズナーとロバート・アイガーを取り上げたが、実はもう一人、**隠れミッキーならぬ、隠れリーダーとでも呼べる人物がいる。アップル・コンピュータのスティーブ・ジョブズだ。**そしてこのジョブズとの関係の違いが、アイズナーとアイガーの命運を分けている。

ジョージ・ルーカスの離婚慰謝料のために、ジョブズに売られたピクサー

ピクサー・アニメーション・スタジオがもともとルーカスフィルムのCG制作ツールを開発するコンピュータ部門だったことは、ジョン・ラセターのくだりで紹介したとおりだ。

1986年、ジョージ・ルーカスが離婚慰謝料の支払いのために売りに出したこの部門を、当時アップルから追放されたばかりだったジョブズが買収し、ピクサーが誕生した。ピクサーはその後もしばらくコンピュータの会社だったが業績は伸びず、もともとコンピュータのデモンストレーション用につくっていたCGアニメーションの制作のほうに軸足を移していき、今日に至る。

ジョブズはピクサーをルーカスフィルムから買収して分離独立させただけでなく、その後も巨額の資金を投じて経営危機を救ったという。

スティーブ・ジョブズがいなければ長編CGアニメーションもピクサーも、この世に存在しなかったかもしれない。その意味でジョブズこそそれらの生みの親といってもいい存在なのだ。

ジョブズとアイガーが、ピクサーとディズニー社の間を取り持つ

ピクサーは「トイ・ストーリー」以降の主要な長編のCGアニメーション作品をディズニー社と共同制作している。**この契約やピクサー買収にかかるディズニー社との交渉も、スティーブ・ジョブズが主導したといわれている。**

当初、ピクサーとディズニー社は、ディズニーが制作費用の大半を負担する代わりに、ピ

クサーが制作した作品をディズニー社のものとして配給する不平等な契約を結んでいた。

「トイ・ストーリー」が大ヒットすると見込んだジョブズは、映画公開に合わせて新規株式公開（IPO）を行ない、資金力を武器にディズニー社とより有利な条件で提携を結ぶことに成功した。

ジョブズは、その後の契約更新の交渉でもマイケル・アイズナー相手に一歩も譲らず、結局はピクサーを手放そうとしたアイズナーのほうが、反発する株主にCEOの座を追われることになった。

ジョブズとの関係修復を図ったのは、アイズナーの後任、ロバート・アイガーだ。アイガーから電話をかけてピクサー買収を提案し、ジョブズが応じたという。

ディズニー社のピクサー買収後、ピクサーの70％の株式を所有していたジョブズはディズニー社の個人筆頭株主となり（7％の株を所有）、役員にも就任した。さらに、エド・キャットムルにピクサーとディズニー・アニメーションの社長を、ジョン・ラセターに同チーフ・クリエイティブ・オフィサーを兼務させるようアイガーに進言した。

ジョブズが媒介役となって、ピクサーの伝統の維持と、ディズニー・アニメーション・スタジオの復活を同時に実現したのだ。言い換えれば、アイガーがディズニー社とジョブズの仲を取りもたなければ、ディズニー社の復活はなかったのである。

21 ディズニーレッスン Disney Lesson

有力者と協力関係を築けないリーダーは、失脚する。

ピクサーを手放そうとしたアイズナーから、ピクサー買収をとりまとめたアイガーへの移行には、スティーブ・ジョブズとの関係が深く関与していた。

Column

「私の死後に、私を真似てはならない」

スティーブ・ジョブズとウォルト・ディズニーは、いずれも、世界中にマニアックなファンを持つカリスマクリエイターだ。生い立ちや、活躍した年代、分野は異なるが、二人には共通点がある。

機器内部の配線にも美しさを求めたというジョブズのこだわりは、ウォルトがパークに地下道を張りめぐらせて夢の国を実現しようとした姿に重なる。

また、新製品のプレゼンテーションを行なうジョブズと、建設中のディズニーランドについて語るウォルトには、同じ熱量が感じられる。そして、二人とも比較的若くしてこの世を去った。

ウォルト・ディズニーが亡くなったあと、ディズニー社は混乱に陥った。**新しいアイデアよりも「What would Walt do？（ウォルトだったらどうするか？）」を求める風潮があったという。**

その結果、続編ばかりがつくられるようになり、アニメーションの質が急激に低下してしまう。テーマパークの建設が財政状況を圧迫し、前述のとおり、救世主アイズナーの登場を待つまで経営不振は20年にも及んだ。

スティーブ・ジョブズは亡くなる前、現CEOのティム・クックに**「Never ask what he would do, just do what's right（スティーブ・ジョブズだったらどうするかではなく、とにかく正しいことをしろ）」と話したという。**

ウォルト亡きあとのディズニー社のように、「What would Steve do?（スティーブだったらどうするか？）」という思考に陥らないように、ということであろう。

真のリーダーは自分のやり方を後継者に押しつけない。リーダーシップのスタイルには個人差があり、自分のやり方をほかのリーダーに期待するのは大きな間違いなのだ。

マーケティング
Marketing

1 ストーリーと世界観がすべての起点

創業者の世界観とブランドストーリーが勝敗を分ける

ディズニーのマーケティングの特徴は、ストーリーが後付けでなく、ビジネスの起点になっていることである。そしてこの「ストーリーマーケティング」の重要性は今日あらゆる商品・サービスにも当てはまる。

マーケティング手法の一つとして、商品やサービスにあとからストーリー付けをすることは少なくない。市場が成熟すると、似通った商品やサービスが増える。価格の安さや性能・品質の高さだけで競合を出し抜くことも難しくなる。

そこで、企業理念やブランドのなりたち、開発者の思いなど、「こんな商品やサービスなら利用したい」と思わせるストーリーを紐づけることによって付加価値をつけ、差別化を図ろうとするわけだ。

顧客により高い値段でも納得してもらえるようにすることや、自社の商品・サービスに特別な愛着を抱くロイヤルカスタマーになってもらうことなどがその狙いである。

NHK「マッサン」と、ミッキーの違いは「ストーリーが後か先か」

日本企業でストーリー起点のマーケティングができている事例は少ない。

たとえば、ニッカウヰスキーの「竹鶴」が一時、品薄になったことがある。これは2015年に放送されたNHKの朝の連続テレビ小説「マッサン」の影響だ。ニッカウヰスキーの創業者である〝日本のウイスキーの父〟竹鶴政孝とスコットランド人の妻リタをモデルにしたドラマのストーリーが商品に付加価値を与えたのだ。

ニッカウヰスキーの親会社で商品の販売を手がけるアサヒビールは、「マッサンとリタの物語」と銘打ったポスターなどの販促資材を全国に配布、竹鶴夫妻をテーマにしたパネル展示や試飲販売などのイベントも実施した。

ドラマのストーリーをあとから商品に紐づけたマーケティングの典型例である。

しかし、ディズニー社の場合は完全に逆である。**ディズニー社はストーリーを起点に、商品やサービスを開発することができる。そして、これこそがディズニー社にしかできないマーケティング方法**だ。

映画やテレビで生み出したストーリーや登場する人気キャラクターを傘下の事業部門に展開することで、テーマパーク、グッズ、ゲームなど、複数のビジネスでマネタイズ（収益化）できるのである。

〝企業ブランド〟と〝映画ブランド〟の2段階ブランド

ディズニー社の強みは、ビジネスの起点となる、魅力的なキャラクターが登場する強いストーリーを生み出しつづける力である。

ウォルト・ディズニー・ジャパン現役社員ウッディ氏（48歳、仮名）によると、２０１６年の冬にディズニー・チャンネルで放送が開始された「アバローのプリンセス　エレナ」では、コンシューマーグッズ部門が女の子向けのコスチュームを開発した。

その際、制作部門からは主人公が着る服のデザインのみならず、「Confident（自信に満ちた）でBrave（勇敢）でAdventurous（冒険好き）でCompassionate（心優しい）なティーンエイジャー」というキャラクター設定までもが共有されたという。ディズニー社のビジネスにおいては、ストーリーが起点なのである。

なおディズニー社が持つストーリーには二通りある。一つは、創業者ウォルト・ディズニーがつくり上げたディズニーという企業のブランドストーリー、もう一つは、アニメーションを中心とした映画のストーリーだ。

創業者がつくり上げた世界観とストーリーが、熱狂的なファンをつくる

ウォルトがつくり上げたディズニーというブランドの価値は桁違いで、その世界観が顧客を創造している。ディズニーファンならミッキーマウスの絵がついた商品とついてない商品があったら、多少値段が高くてもミッキーマウスの絵がついたほうを選んでしまうだ

ろう。

しかし、なぜミッキーマウスが好きかと聞かれて、ミッキーのデビュー作である「蒸気船ウィリー」などの映画を理由に挙げる人は多くないはずだ。ミッキーマウスは単なる映画のキャラクターではない。

ミッキーマウスには、創業者ウォルトと彼がつくり上げたディズニーという企業、ブランドのストーリー、そして夢と魔法の国の世界観が紐づいているのだ。

それだけではない。ディズニーファンにとってのミッキーマウスは、乳幼児時代からディズニーグッズに親しみ、パークで遊んだ自分自身や家族のストーリーにもつながる特別な存在なのである。

だからこそ、銀行のキャッシュカードやおしゃぶりの模様にすぎなくても、消費者はミッキーに強く引き寄せられるのだ。

幼児期からの刷り込みマーケティング——世代を超えたファンの育成

ディズニーのストーリーマーケティングの神髄は、その幼児期からの刷り込み教育にある。ウォルトの知名度を高め、ディズニーのブランド価値を高めるのに重要な役割を果たしたのが、テレビ番組「ディズニーランド」（1954～1958）である。日本でも1958年から放送された。

ディズニー社が番組を制作した目的は、第1章でも述べられているとおり、ディズニーランド建設の資金源の確保と宣伝のためだ。そこで、ウォルト自身がディズニーランドの構想やアニメーション制作の裏話を語り聞かせることで、**彼の思い描く夢の世界が直に子どもたちに伝えられたのだ。**

私が初めて東京ディズニーランドに行ったのは開園して間もない1985年のことである。子ども時代、四国の片田舎のテレビで「ディズニーランド」をあこがれのまなざしで眺めていた両親が連れて行ってくれたものだ。

東京ディズニーランドが一大ブームを巻き起こせたのも、テレビ番組「ディズニーランド」によって、幼少のころより日本にパークができることを待ち望んでいた、私の両親のような世代がいたからだといわれている。

それ以降の世代も、乳幼児向けの育児グッズ、幼児向けの教材やパーク、10代向けのディズニー・チャンネルと、幼いころからの「刷り込み」によって、世代を超えたディズニーファンが育っているのだ。

こうして、ディズニー社の象徴であるミッキーマウスは幼少期から世界中で愛され、半永久的にマネタイズできるキャラクターとなったのである。

優れたストーリーは販売を不要にする

米国の有名な子ども向け番組の司会者ミスター・ロジャースは、あるソーシャルワーカーのこんな言葉を財布に入れて持ち歩いているという。

Frankly, there isn't anyone you couldn't learn to love once you've heard their story.
（はっきり言って、その人のストーリーを聞いて愛せない人などいない）

ストーリーには、人を惹きつける力がある。ピーター・ドラッカーは「マーケティングの理想は、販売を不要にするものである」と述べているが、**優れたストーリーは〝何もしなくても売れてしまう状態〟をつくり出してしまうのだ。**

ディズニー社は、ストーリーで顧客の心を掴み、そのストーリーに関わるものならなんでも欲しいと思わせることができる。これこそがディズニー社の〝魔法のマーケティング能力〟の要なのである。

22 ディズニーレッスン Disney Lesson

ストーリーと世界観が企業のブランド力を左右する。

ディズニー社の強みは、強いストーリーがビジネスの起点となっており、幼少期から〝ブランドストーリー〟を将来の顧客に触れさせ、すべての商品に夢と魔法の国の世界観が紐づいていることである。

Column

ストーリーを面白くするためのさまざまな工夫
――ノート・セッションとストーリーのローカル化

ストーリーをいかに魅力的にするか、またそれをどうローカル化するかで、マーケティング効果は大きく変わる。「Story is King（ストーリーこそ王）」。これは、ディズニーおよびピクサーのクリエイティブ統括責任者であるジョン・ラセターが掲げるアニメーション映画の制作哲学である。

かつてのディズニー映画は、童話や小説などの原作があるものがほとんどだった。しかし、現在はラセターの下でオリジナルのストーリーづくりがなされている。

なかでも重要な役割を果たしているのが、ピクサーにならって導入された「ノート・セッション」という会議だ。この会議には、別の作品の監督やプロデューサーなども参加して、立場や役職に関係なく物語を面白くするための意見を自由に出し合うという。

脚本は繰り返し修正され、完成までには最低でも2、3年を費やす。このこだわりがその魅力的なストーリーづくりにつながっているのである。

また、一見ストーリーづくりにあまり影響がなさそうな細部のリサーチも徹底している。「アナと雪の女王」でエルサがつくり出した氷の宮殿は、カナダのケベックに冬の期間だけオープンするアイスホテル、ホテル・ドゥ・グラース（Hotel de Grace）で氷に光が屈折する様子を研究した。

「ファインディング・ドリー」でも、米カリフォルニア州のモントレーベイ水族館でタコの触手を直接触って、筋肉の動きや皮膚の感触を確かめ、子どもたちが海の生物と触れ合うタッチプールの水の中にGoPro カメラを入れて魚目線の世界を撮影した。

「ズートピア」では、アフリカのケニアやフロリダのアニマル・キングダムで動物の生態を調査した。

アニメの語源はラテン語の「アニマ（霊魂）」に由来するとされる。まさに細部に霊魂を宿らすがごとき細

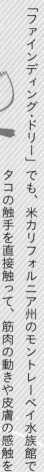

部へのこだわりが追究されているといえよう。

ストーリーのローカライゼーション（現地化）――ベイマックスの日米比較

ちなみに、ウォルト・ディズニー・ジャパンの元社員ダッフィー氏（43歳、仮名）によれば、映画のプロモーションなどのマーケティング活動において、日本市場はかなりの自由度でローカライゼーション（現地化）が認められているという。

たとえば、「ベイマックス」は、アメリカではアクション・友情をテーマにした作品だったが、日本では愛・家族のテーマで宣伝された。また「リロ・アンド・スティッチ」には沖縄を舞台にしたテレビシリーズがあり、これはウォルト・ディズニー・ジャパンが音頭をとって制作したものである。

日本人になじみやすくストーリーを「現地化」することによって、より消費者に受け入れられるようにしているのである。

ストーリーをより魅力的なものにするためには多様な意見を取り入れ、細部にこだわり、市場に応じたローカル化を図ることが重要なのだ。

② ディズニー憲法とエバーグリーン戦略

効率よりも、夢の国の世界観を追求

ディズニー社はブランド管理に相当なこだわりを持っており、それは〝ディズニー憲法〟およびキャラクターの〝エバーグリーン戦略〟にみてとれる。

ウォルト・ディズニー・ジャパンの元社員であるニモ氏（42歳、仮名）によれば、社員は入社時も入社後も、何度もブランド管理のトレーニングを受講し、どんな表現や他社商品とのタイアップがＯＫもしくはＮＧなのかといったことを徹底的に叩き込まれるという。

各ビジネスラインが開発した商品やタイアップの内容は、専門部署の厳しいチェックを経て世に出るのだ。

たとえば、本章の冒頭で書いたとおり、ミッキーマウスは歳を取らないという設定のため、何歳という表現はデイズニー社的にはＮＧだ。

また、ウォルト・ディズニー・ジャパンの元社員ガストン氏（50歳、仮名）によれば、ミッキーマウスがテレビに出るときには、その背景の空は晴れ、青空でなければいけないという。

また、ミッキーマウスが世界のある場所でテレビに生出演し、その直後に遠く離れた別の場所でも生出演するとしよう。**「ミッキーマウスは世界に一人」が暗黙のルール、いわば「ディズニー憲法」のため、それが可能かどうかが社内で議論されるのだ。**

ディズニー憲法へのこだわり

ディズニー社で働く人々および経験者によれば、「ミッキーマウスは魔法が使えるから、瞬時に移動できるんじゃないか」「いや、ミッキーマウスはそんなことしないはずだ」などと、経営層が真剣に〝憲法解釈〟を展開するという。

ウォルト・ディズニー・ジャパンの元社員アラジン氏（45歳、仮名）によると、ディズニーでは前述の〝ディズニー憲法〟とでもいうべきブランド管理のルールの解釈が意思決定の際によく議論されるという。

経営会議のような重要な場でも「このキャラクターはそんなことしないはずだ」と解釈論が展開されるのだ。

したがって、**ディズニーではキャラクターについて深く理解し、ディズニー憲法をうまく解釈できる人が有利な環境にある**といえるだろう。

どれだけ経済合理性があっても、深いキャラクター理解に基づいた「プーさんはこんなもの食べないよ」「アリエルはそんなことしないよ」の一言が一刀両断の裁きを下すこともある。ディズニー社員向けのグローバルトレーニングプログラム、ディズニー・ユニバーシティにも、キャラクターについての理解を深める講座がある。

ディズニー社では、好きなものをより深く知ることがビジネス上の成功に直結しており、それに長けた社員に大きな活躍の機会があるのである。

キャラクターや映画のストーリーといったコンテンツへの理解と、ブランド管理はディズニーにとっては生命線だ。

外から見ればやりすぎとも思えるほどのこの徹底したブランド管理へのこだわりが、世界が熱狂するブランドキャラクターをつくり上げたのだ。

ブランドは定期的に若返らせる
——長く愛されるための、エバーグリーン戦略

ミッキーマウス、くまのプーさん、ディズニープリンセスなど、長く愛されるエバーグリーン（時を経ても色褪せないこと）作品に登場するキャラクターは定期的な見直しがなされている。

これをディズニー社では「Rejuvenate（リジュヴェネイト）」と呼ぶ。「若返らせる」という意味だ。

実は、初期のミッキーマウスはいたずら好きで向こう見ずなキャラクターだった。「ギャロッピン・ガウチョ」（1928年）では、タバコを吸い、ビールを一気飲みし、動物たち

を手荒に扱っている。
ところがミッキーマウスが一躍人気者になると、その振る舞い方が子どもたちに悪影響を及ぼさないよう、徐々に矯正が加えられた。外見も、靴や白い手袋を身につけ、白目が付き、顔が白から肌色になり、眉毛が生えて、より人間に近くなった。さらに禁煙、禁酒を行ない、動物虐待もやめて、品行方正に改心したのだ。

ちなみに、ウォルト・ディズニー・ジャパン現役社員ウッディ氏（48歳、仮名）によれば、今後もミッキーマウスは2・5頭身から3頭身（違う社員の方からの情報では3・5頭身という説もある）にちょっとだけスタイルよく変身する予定があるという。これは、たとえばドラえもんが直近の「映画ドラえもん のび太の宝島」でも、40年前とまったく同じ体型であることと対照的である。

「売上げ」よりも「らしさ」を最優先

ディズニーはその世界観を守るため、ディズニーパークの管理も徹底している。多くの人が訪れたパークの一日が終わると、どうしてもいろいろなところに傷みが生じる。

それを毎日、閉園後に修復するのだ。これをディズニー社では「Rehab（リハブ）」と呼ぶ。「再生する」という意味だ。

東京ディズニーランドでも、閉園後にすべての花壇をチェックし、枯れた花は翌日の開園時間までに植え替える、というのは有名な話である。園内に植えられている木も、一年中枯れることのない常緑樹である。

オリエンタルランド現役社員ドリー氏（43歳、仮名）によれば、東京ディズニーリゾートで提供する商品やメニューの開発にも、ディズニー社の厳しい目が光っているという。

ディズニー社の最優先事項は「ディズニーらしさの追求」であり、判断基準は「ディズニーの世界観に合致するかどうか」である。**現場の「これを出せば売れる」という意見に反しても、「ディズニーらしさ」が最優先される**のだ。

効率よりも、世界観――ワゴンの外装や看板も、厳格に管理

ディズニーで大切なのは、世界観を守りながら成長できているかどうかであり、〝らしさ〟を失った成長は求めていない。

ある年の盛夏、東京ディズニーシーの「トイ・ストーリー・マニア！」エリア内で、稼働式ワゴンでペットボトル入りの飲料を販売することになった。

しかし、ワゴンの外装がエリアのコンセプトに合っていないとディズニー社からＮＧが出た。**現場でコンセプトに合わせてデザインの全面刷新を図っている間に、夏が終わってしまったという。**

パーク内の飲食店では、ディスプレイに映像や情報を表示する「デジタルサイネージ」はディズニーの世界観を壊すとして使用が許されていない。このため、新しいメニューが出るたびにメニューボードの修正が発生する。

また、販売担当のキャストの衣装も、着用可能なエリアが細かく決められている。人手が足りないエリアへサポートに行くにも、いったんバックステージに戻って着替える必要があるのだ。**現場からすると効率は悪いが、徹底した管理でディズニーの世界観が保たれ**

ているのだ。

また、ディズニーパークの地下には物資や人が移動するための通路が張りめぐらされ、舞台裏が決して来場者の目に触れないようになっている。

ウォルト・ディズニー・ジャパンの元社員スティッチ氏（43歳、仮名）によれば、ウォルトは描いた原画を運ぶ際に雨に当たらないようわざわざスタジオまでの地下道をつくったという。この徹底ぶりにヒントを得て、ディズニーパークの地下にも通路がつくられたそうだ。

ウォルトは完璧主義、理想主義であった。そして、夢を実現するための徹底したこだわりが、ディズニーワールドという強力な世界観を育んだのである。

23 ディズニーレッスン Disney Lesson

売上げや効率よりも「自分らしさ」への強いこだわりがブランドを守る。

ディズニー社のブランドを守っているのは、ディズニー憲法やブランドのエバーグリーン戦略のみならず、ワゴンの外装や衣装も含めた「自分らしい世界観」に強くこだわる、強力な企業文化である。

テクノロジー
Technology

1 最新のテクノロジーが、最強のストーリーを伝える

夢の国の魔法を最新テクノロジーで実現

技術革新の激しい今日、あらゆるビジネスにおいて、その勝敗の行方に各企業の技術水準が大きく影響する。

現在、ディズニー社は、**「できうる限り最高のコンテンツをつくること」「世界中で新しい市場を開拓すること」**と並んで、**「最新のテクノロジーを駆使してイノベーションを起こすこと」を同社の戦略の重点事項の一つ**として打ち出している。

私は外資系コンサルティングファームでＩＴ戦略や導入のコンサルティングを行なった経験を持つが、クライアントの経営者がテクノロジーに強い企業というのはさほど多くない。

ディズニー社と"世界初"の最新テクノロジー

1928年	世界初のサウンドトラック方式によるトーキー「蒸気船ウィリー」公開
1932年	世界初のフルカラーアニメーション映画「花と木」（第1回、アカデミー短編アニメ賞を受賞）
1937年	世界初の長編フルカラーアニメーション映画「白雪姫と七人の小人」公開
1940年	世界初のステレオ音声作品「ファンタジア」公開
1963年	世界初のオーディオアニマトロニクスを使ったアトラクション「魅惑のチキルーム」がディズニーランドにオープン
1982年	世界で初めてCGを本格的に使用した映画「トロン」を配給
1986年	世界初の4D映画（3D映画にレーザーや煙演出を加えたもの）「キャプテンEO」がディズニーランドにオープン
1995年	ディズニー／ピクサーが世界初のフルCG映画「トイ・ストーリー」を公開

実際ハーバード・ビジネススクールでも、ＩＴ系の授業を履修するのは技術系のバックグラウンドを持つ学生が大半だった。しかし、当たり前のことながら、いまや企業経営はテクノロジーの活用なしには成り立たない。

ディズニー社と先端テクノロジーとの関わりは深い。アニメーションの制作のみならず、パークのアトラクション、コンテンツの配信など多岐にわたる。

実は、創業者のウォルト・ディズニーは**「魔法はテクノロジーとアートの融合から生まれる」「テクノロジーによって、より多くのストーリーを伝えていけるだろう」**と語っていた。

ディズニー社にとってテクノロジーはストーリーを伝える手段であり、ビジネスに欠かせない戦略的資産なのだ。

技術革新のDNA
——前代未聞の「白雪姫」への挑戦がなければ「アナ雪」もなかった？

ディズニー社は創業当初から、最新のテクノロジーを駆使して数多くの〝世界初〟を生み出しつづけている。

ディズニーにとって最初の世界初は「蒸気船ウィリー」だ。**「蒸気船ウィリー」は世界初のサウンドトラック方式によるトーキー、つまりフィルムに焼き付けた音声と映像が同期した映画である。**

ウォルトは「蒸気船ウィリー」の前年に公開された実写映画の「ジャズ・シンガー」が、映写機に合わせてレコードに録音した歌と台詞を流すことで人気を集めているのに目をつけ、アニメーション映画の世界にもトーキーの時代がやってくるに違いない！と思いついたという。

そこで、サイレント映画として制作していた作品をつくり直し、より質の高いトーキー映画「蒸気船ウィリー」を発表した。

「白雪姫と七人の小人」は、世界初の長編フルカラー映画である。映画が公開された1937年、昭和12年は、第二次世界大戦が始まる2年前だ。

当時、アニメーション映画は実写映画の合間に上映される子ども用の短編に過ぎなかった。4年もの歳月と、200万ドルもの大金をつぎ込むなど前代未聞で、公開前には「Disney's Folly（ディズニーの道楽）」と馬鹿にされたほどだ。

しかし、**公開されるや空前の大ヒットを記録し、ここからディズニーの長編アニメーションの歴史が始まった。**

ちなみに、「白雪姫と七人の小人」は長編という点では世界初だが、それ以前にディズニー社では短編のフルカラー映画を制作している。第一回アカデミー短編アニメ賞を受賞した「花と木」（1932年）だ。

ディズニー社は、「蒸気船ウィリー」でトーキー、「花と木」でフルカラーを実現し、長編の「白雪姫と七人の小人」の制作に挑んだ。リスクの大きな「白雪姫」への投資がなければ、その後の「美女と野獣」も「アナと雪の女王」も存在しなかったといっても過言ではないだろう。

映画を現実のパークに再現するオーディオアニマトロニクス

東京ディズニーランドにある「魅惑のチキルーム」は、世界初のオーディオアニマトロニクスを使ったアトラクションである。オーディオアニマトロニクスとは、ディズニー社が開発したパーク用のロボットの名称で、「オーディオ（音）」「アニメーション（動き）」「エレクトロニクス（電子制御）」を組み合わせた造語だ。

私は幼いころ、東京ディズニーランドの「カントリーベア・シアター」の壁に掛かった大きな剥製のオーディオアニマトロニクスのクマが、まるで生きているかのように動き、言葉を話すことに強い衝撃を受けたのを覚えている。

オーディオアニマトロニクスは、「魅惑のチキルーム」、「カントリーベア・シアター」以外にも、「カリブの海賊」、「ホーンテッドマンション」、「イッツ・ア・スモールワールド」、「シンドバッド・ストーリーブック・ヴォヤッジ」、「センター・オブ・ジ・アース」など、数多くのアトラクションで使われている。

オーディオアニマトロニクス誕生のきっかけは、ウォルトが休暇中にニューオーリンズで出合った機械仕掛けの鳥のおもちゃだ。

ウォルトは店で見つけたおもちゃをスタジオに持ち帰るやいなや、ほかの技術者たちと一緒にバラバラに分解して仕組みを調べ、試作を始めたという。

現在、東京ディズニーランドの「魅惑のチキルーム」にはスティッチ、映画「パイレーツ・オブ・カリビアン」シリーズの元になった「カリブの海賊」にはジャック・スパロウのオーディオアニマトロニクスが登場する。

ウォルトがその好奇心で試作を始めたオーディオアニマトロニクスは、今やディズニー映画の世界を現実のパークで再現するのに不可欠なテクノロジーとなっている。

Curiosity keeps leading us down new paths.
好奇心が私たちを新しい道へと導いてくれる。

ウォルト・ディズニー

ディズニー社とテクノロジーの歴史をたどると、**先端テクノロジーとアートの融合が「夢の国の魔法」を実現させ、新たな成長の基盤になっていることがわかるだろう。**

24 ディズニーレッスン Disney Lesson

新しい技術に興味を持ち、勝敗を分ける技術を見極めよう。

ディズニーはトーキー、フルカラー、オーディオアニマトロニクスと、常に技術革新の先端を走り、アートと融合させることで成長を続けてきた。

組織戦略 ——多様性と将来性

Organization Strategy

1 多様性を尊重し、女性が活躍できる組織環境

顧客よりも多様な組織が必要

多様な人材が人種や性別にかかわらず評価され、仕事を通じて「人の役に立っている」という充実感を得られる組織環境が、ディズニー社の成長を支えている。

ディズニー社のチーフ・ダイバーシティ・オフィサー（多様性責任者）のポール・リチャードソンは「多様性を認めることがディズニー社をより強くする」と語っている。

第1章で触れたとおり、**一昔前は人種差別問題への意識の希薄さが批判されたディズニー社だが、時代の変化に合わせて、着実に変わってきた**のである。

多様性を尊重した企業に進化

２０１７年公開の実写版「美女と野獣」は、ディズニー映画史上初めてＬＧＢＴのキャラクターが登場することで話題となった。また、反同性愛法案を制定しようとしたジョージア州に対し、スタジオ機能を撤退させるとの通告も行なっている。最近ではほかにも、「ローグ・ワン／スター・ウォーズ・ストーリー」（２０１６年）にアジア人を含むさまざまな人種の俳優をキャスティングし、「ズートピア」（２０１６年）では多種多様な動物たちが共生する都市を舞台に、人種差別や偏見の愚しさを描いている。

No matter what type of animal you are, change starts with you.

あなたがどんな動物であろうと関係ない、変化はあなたから始まるのよ。

「ズートピア」より、ジュディ・ホップスの台詞

ディズニー社は米国最大のＬＧＢＴ人権団体ヒューマン・ライツ・キャンペーンのCorporate Equality Index（企業平等指数）年度調査で１００点満点を獲得し、２０１７年当時、実に11年連続でBest Place to Work for LGBT Equality（ＬＧＢＴの職場の平等性にもっとも優れた企業）に選ばれている。

ディズニー社にとって人種や性的指向などに偏見を持たないことは自社の公正性をアピールすることにとどまらない。多様な人種・性別、そしてバックグラウンドを持つ人々が携わることで、ストーリーやキャラクターにさまざまな視点を取り入れることができる。多様性を活かす組織をつくりあげてこそ、ディズニー社の強みであるコンテンツをさらに強化できるのである。

女性が活躍できる組織環境

ディズニー社は管理職に女性が多く、そして女性の活躍がめざましい。その理由の一つに、ディズニーのキャラクターについての理解の深さがあるという。ウォルト・ディズニー・ジャパンも女性、お母さんが非常に多い職場で、経営陣にも女性が多い。

取材に応じてくれたディズニー社の女性社員たちによると、ディズニー社には在宅ワークの仕組みが整っていたり、家族や子どもの世話をするための休暇制度があったりと、女性が働きやすい環境への満足度は高い。

ビジネスにおいてキーとなる分野に強い人材が、性別にかかわらず評価されること、これが女性管理職の多さにつながっているのである。

また、ウォルト・ディズニー・ジャパンの元社員ムファサ氏（45歳、仮名）が「ディズニーに入社してよかった」と感じたのは、〝ファミリーエンターテイメント〟の実現を掲げるだけあって、子どもを大切にするところだったという。

結果として、「人の喜びのために働いている」ことが実感できたのだという。

多様な人材に、仕事にやりがいや充実感を感じさせ、活躍できる場を提供できるかどうかも、会社の競争力を高めるうえで重要なポイントなのである。

特にディズニーのように市場が世界中に散らばっている企業の場合、その世界中のゲストの多彩さを上回る多様性を、組織が備えている必要がある。

25 ディズニーレッスン Disney Lesson

多様性が尊重される組織設計が、会社の競争力を高める。

かつては差別的と批判されたこともあるディズニー社だが、時代の流れに応じて変化し、女性・マイノリティを含めた多様性を推進することで成長を続けている。

② 将来性を重視した未来志向組織

社員が思い描いた5年後の未来を戦略に反映

ディズニーでは、未来志向の組織をつくりあげることに注力している。たとえばディズニー社には、ディズニーならではの5年後の世界を論じる研修制度がある。

社員が集まって泊まりがけの合宿をするのはどの企業でもよくあるが、ディズニー社では、その会場がディズニーパークになるというのだから、ディズニーファンにはたまらないだろう。

幹部全員が集まって毎年1週間、テーマパークで遊んだりゴミ拾いをしたりして、コミュニケーション促進を図るのだ。

「もともとはそれほどディズニーファンではなかった」と話すウォルト・ディズニー・ジャパンの元社員ピーター・パン氏（43歳、仮名）も、集会や研修でバーバンク本社やディズニーランドのバックステージを訪れたときにはさすがに感激したという。

フロリダのウォルト・ディズニー・ワールド・リゾート内には、ディズニー・ユニバーシティ（ディズニー大学）という、これもディズニーファンならばハーバードより東大より入ってみたいと憧れる学校がある。大学といっても、その正体はパークのキャストや従業員向けの研修施設である。

そこでは創業者ウォルト・ディズニーの経営哲学やディズニーの歴史から、ゲストへのサービスまで、実践的な内容を学べる。ウォルト・ディズニー・ジャパンの社員ガストン氏（50歳、仮名）も、米国出張に合わせてディズニー・ユニバーシティで授業を受けたという。

5年後の夢がそのまま会社の戦略になる

先述のピーター・パン氏にディズニー社の戦略はどこが優れているのかと尋ねた際、彼が教えてくれたのは、グローバルで行なわれた、とある研修プログラムである。

その研修では、参加者が**「5年後の世の中はこうなっている」「5年後はこれが流行っている」「5年後はこんなテクノロジーが生まれている」**などと、文字どおり夢のような未来の話を自由に語り合う。

普通なら単なるブレインストーミングで終わってしまうところだが、ユニークなのは、それら夢の話がディズニー社の戦略に実際に反映されるという点である。

If you can dream it, you can do it.

夢見ることができれば、それは実現できる。

ウォルト・ディズニー

ピーター・パン氏は**「ディズニー社は常に数年先の世の中への準備で動いている。全世界規模の組織変更や買収を躊躇なく進め、凄まじいスピード感を持っている」**と話す。

ピーター・パン氏の在任期間にも、マーベル・エンターテイメント買収、ルーカスフィルム買収、自社開発のゲームソフト「ディズニーインフィニティ」事業への参入・撤退、上海ディズニーランドの開園、ソーシャルゲームのPlaydom買収などの巨大投資案件が立て続けに実現したという。

ディズニー社ならではの未来志向あふれる社内文化によって、世界中の社員にウォルト・ディズニーの経営哲学が受け継がれているからこそ、ディズニー社は常に時代の先端を行くことができるのだろう。

You can design and create, and build the most wonderful place in the world. But it takes people to make the dream a reality.

誰もが世界で最高の場所を夢見て、創造し、設計してつくり上げることができる。しかし、その夢の実現には、人の力が必要である。

ウォルト・ディズニー

夢の国ディズニーランドが１００年近く経っても成長しつづけているのは、ひとえにその多様性を重んじる未来志向の文化、そして夢の国を実現しようという一人一人の勇気のたまものなのかもしれない。

26

ディズニーレッスン Disney Lesson

未来志向の組織をつくりあげよう。

ディズニー社では5年後の社会を論じる研修プログラムなどで将来像に思いを馳せ、それを戦略に実際に反映させている。

Chapter 3

ディズニーランドで探し出せ!
ビジネス・リーガルの地図

オックスフォード弁護士の教訓と、
ディズニーストーリーの魔法の融合

とある会議での話。分厚い六法全書をカバンから取り出した弁護士が、「ビビデバビデブー」と意味不明の法律用語を魔法の杖のように振りかざし、会議の出席者たちを次々と眠りの世界へいざなっていく。そして、出席者たちが眠りの世界から目覚め「先生のおっしゃるとおり。これで安心だぁ」と言って会議が終わる。

このような会議が今日も世界中で開かれていることだろう。私も以前、つぶれてしまった米国の投資銀行でM&Aのバンカーをしていた際に、それに近い展開をたびたび目にしたことがある。

いや、自分自身も魔法にかけられて眠りの世界にいざなわれていたことがあったかもしれない。つまり、法律や契約関連の話はよくわからないので、弁護士まかせにして、眠ってしまう人が非常に多いのだ。

法律や契約の話は、読者の皆さまにとって、とっつきにくい「苦い薬」かもしれない。しかし、本章では、ディズニーのキャラクターたちがメリー・ポピンズが言うところの「スプーン一杯の砂糖（Spoonful of sugar helps the medicine go down）」となって、薬をおいしく飲めるようにしてくれるだろう。

本章はムーギーマウスとともに、私、ドナルド楠田が冒険の先導役を務めよう。ぜひ気負わずリラックスして読み進めていただきたい。

「法律や契約は、弁護士や法務部にまかせておけばよい」。確かに、かつてはそういう傾向があった。しかし、ビジネスの世界においては、現場の交渉担当者レベルからマネジメント層まで、一定のリーガル（法律・契約関連をまとめて以下、〝リーガル〟と称する）の素養が求められるようになってきている。

優れたビジネスパーソンは、日々の業務の中で、たとえばこんなリーガルのセンスや知識を、頭の引き出しからそっと出し、仕事に付加価値をつけているのだ。

・契約書の中に小さく書かれている、目立たない文言にこそ、肝になる事項が隠されていたりすること。

・法律に違反すると数年分の利益がすべてぶっ飛ぶような罰金が科せられたりすること。

・ガバナンス（企業統治）強化策を打ち出せば株価が上がりやすいこと。
・コンプライアンス（法令遵守）の問題が発生すると事業の継続が危ぶまれること。

リーガルの素養といっても、「○○法の第何条に何が書いてある」というような法律の知識を習得する必要はない。

本章では、仕事や日常生活の場面ですぐに実践できる法的なセンスや技として、「契約」「交渉」「法律・権利」「コンプライアンス」「ガバナンス」という、ビジネスパーソンにとって重要かつすぐに役立つ五大リーガル・トピックをご用意した。

ここで私がこだわったのは、**「弁護士としての実務およびオックスフォード大学ロースクール留学を通じて学んだ、法律および契約の知識の中、もっとも優先順位の高い12箇条を、恐ろしくわかりやすく伝えること」**である。

そして、各トピックでは、ディズニー映画のキャラクターたちの契約やコンプライアンスにまつわる失敗談、ウォルト・ディズニーの交渉術の良いところ・悪いところの分析などを交えることで、**ディズニーの世界を楽しみながら、リーガルのセンスや技をともに学**

べるようになっている。

私が執務するのは、1800年代にロサンゼルスで設立された法律事務所で、地理的・歴史的な経緯もあり、ハリウッドを中心とする米国西海岸のエンターテイメント関連の契約や裁判も数多く扱っている。

1925年にカリフォルニアで設立されたウォルト・ディズニー・カンパニーも、クライアントの一つである。

本章では、日本の話だけでなく、ダイナミックに躍動する米国のリーガルやエンターテイメントビジネスの実情についてもともに学んでいこう。

また、本書執筆開始時点、私は、イギリスのオックスフォード大学のロースクールおよびビジネススクールに留学中であった。世界数十カ国の弁護士たちが集まる環境にあるが、その中でもディズニーというコンテンツは出身地域、バックグラウンド、宗教、性別を超えて、共通の話題にできるものだ。

授業のあとに、彼らとパブでビールを飲みながら、ディズニーの話で盛り上がるなんてこともあった（単に、私が取材のために無理矢理ディズニーの話題を彼らに振っているのが実情であるが）。本章には世界中から集まったディズニー好きの弁護士たちに教えてもらったディズニー・トピックやリーガル・トピックもふんだんに織り込んでいる。

そして私自身、ディズニーシーのキャスト（アルバイト）をした経験もある。キャストの研修でディズニースマイルの練習をしたり、夢の国の裏側を垣間見れたのは、貴重な経験であった。ちなみに私の配属先は駐車場であった。夢の国の手前まで行けたのに、中に入れてもらえなかったのは、今でも痛恨の極みである。

There is more treasure in books than in all the pirates, loot on Treasure Island and best of all, you can enjoy these riches every day of your life.

宝島の海賊たちが盗んだ財宝よりも、たくさんの宝物が本の中にはある。しかも、そのすばらしさは毎日堪能することができる。

ウォルト・ディズニー

本章で学んでいただくことを、ビジネスの世界に眠る宝探しの地図のワンピースにしていただきたい。

Contents

契約 Contract
交渉 Negotiation
法律・権利 Law & Right
コンプライアンス（法令遵守） Compliance
ガバナンス（企業統治） Governance

契約
Contract

1 契約書はビジネスの設計図

もし「リトル・マーメイド」のアリエルが契約を精査していたら？

本章で扱う契約・法律関連を論じるうえでもっとも強調したいことが、この「**契約はビジネスの設計図**だ」ということである。

取引成立を急いで、不用意な契約に同意してはいけない。そして、契約の良し悪しとは、ビジネスの内容をどれだけ想像できるかによるものである。

ビジネスは、契約書で決まる。誰と誰がどういうビジネスを行なって、それぞれがどういう役割を果たし、それを果たせなかった場合にはどう対処するということを、具体的かつ詳細に、契約書に落とし込んでいく。

たとえば、国際的な投資案件の契約においては、役員が出張の際に滞在するホテルや、そ

のホテルに備え置くワインの銘柄まで取引の契約書に記載されていることすらある。

タイムプレッシャーが厳しいビジネス交渉において、膨大な契約条項を十分に検討しないまま、つい取引の成立を最優先にしてしまう人が非常に多い。

そしてその後、実際にビジネスが動き出してから、想像していなかった責任が次々と発生して、大変な目に遭ったという話をしばしば耳にする。

将来のビジネスの姿をどれだけ具体的に想像できるかということが、契約の成否のカギになってくる。

ディズニーにも、取引を成立させることに夢中になり、契約条項をしっかり吟味しないまま契約を締結したことで、大変な目に遭ったプリンセスがいる。「リトル・マーメイド」の主人公の人魚姫アリエルである。

アリエルの契約失敗——「契約後の世界」を具体的に想像しよう

アリエルが契約後の世界をもう少し具体的に想像できていたら、海の魔女アースラと契約を締結しなかったかもしれない。また、契約を締結したとしても、彼女が法律の勉強をしていれば、もっと簡単にアースラを倒すことができたはずである。

「リトル・マーメイド」は、アンデルセンの『人魚姫』を原作にした作品で、映画だけでなく、ミュージカルも世界各国で公演されている人気作品の一つである。

人魚姫のアリエルは、人間の王子エリックに一目惚れをしてしまう。たまたま出会った王子に一目惚れするのは、クラシックなディズニー作品の鉄板だといえよう。

ある日エリックの船が嵐に襲われ沈没したところ、アリエルがエリックを救出する。たまたま王子が危機に直面して、助けてあげるという展開もディズニーの鉄板だ。

エリックもアリエルの美しい歌声に心惹かれるが、意識がおぼろげでアリエルの顔を覚えていない。その後、アリエルはなんとかして王子エリックと再会したいと願うが、アリエルの父親で海の王様でもあるトリトンがそれを許さない。

父親の厳格な態度に逆ギレしたアリエルは、家出をしてしまう。海の世界でも人間の世界でも年ごろの女の子と父親の関係は難しいようだ。

年ごろの女の子が家出して、ちょっと悪そうな場所に行き、ちょっと悪そうな人に愚痴を聞いてもらうのは、海の世界でも人間の世界でも同じである。アリエルは、その足というかその尾で海の魔女アースラのもとを訪ね、悩みを打ち明ける。

なお、**親や家族への逆ギレが重大な事態を招くパターン**（「メリダとおそろしの森」「アナと雪の女王」など）や、**親に認められようとしてとった軽率な行動が重大な事態を招くパターン**（「ライオン・キング」「アーロと少年」など）も、ディズニーストーリーの鉄板といえるだろう。

焦って契約書にサインするのは厳禁——アースラにしてやられたアリエル

ここでアースラは一つの契約をアリエルに提案する。それは、

①**「アリエルの声をアースラに与える代わりに、アースラがアリエルを3日間だけ人間に**

する」
②「ただし、その間にアリエルがエリックとキスを交わすことができなければ、アリエルのすべてがアースラのものになる」
③「逆にキスすることができれば、アリエルは自由になれる」

というものであった。**キスが幸せの条件になる展開もディズニー映画に欠かせない。**例を挙げれば、「眠れる森の美女」、「アナと雪の女王」、「美女と野獣」などなどだが、詳細は割愛しよう。

本題に戻るが、アースラがほかのディズニー・ヴィランズ（悪役たち）よりも周到なのは、単に口約束で終わらせるのではなく、契約書を作成するところである。アリエルは、早くエリックと再会したいとはやる気持ちを抑えきれず、契約書にじっくり目を通すこともなく、サインをしてしまう。

このとき、アースラやその手下たちが、アリエルに対してサインを焦らせるが、こうした展開に私たちは注意しなければならない。

相手を焦らせて契約を締結させるというのは詐欺でもよくある手口であるし、またビジネスの交渉の場面においてもよく起こりうることである。

たとえば、**M&Aの交渉でも「取締役会の承認をとる最後の機会が明日で、明日を逃すと次はいつになるかわからない」などと言ってプレッシャーをかける**、というシーンがよく見られる。

契約条件の成就を邪魔してはいけない
——アースラを民法130条で訴えよう

契約締結をしたアリエルは、見事人間になることができた。契約書に定められたとおり、アリエルは声が出ないが、ボディランゲージを駆使してエリックとの距離を縮めていく。

セバスチャン（宮廷音楽家のカニ）たちが雰囲気を盛り上げる音楽を奏でる中、アリエルとエリックが手漕ぎボートの上でキスをしそうな展開になったまさにそのとき、アースラの手下がそれを阻止する。

さらに、このままではアリエルがエリックとキスしてしまう、と焦ったアースラは、自ら人間の美女に変身し、アリエルから奪った歌声でエリックを惑わせ、魔法をかけて、エリックと結婚しようとする。

なんともひどい話ではないか。アースラは、もともとアリエルを自分のものにするべく、条件付きの契約を締結し、自らその条件が成就しないように妨害をしているのだ。

しかし極悪人、否、極悪タコのアースラからなんとかアリエルを助けたい、という純真な心を持った私たちにとって、法律は強い見方になってくれる。

契約条件の成就を当事者自らが故意に妨害した場合には、相手方はその条件が成就したものとみなすことができるのだ（民法130条）。実際、最高裁の判例においても、条件の成就が妨害されたことが認定されたケースがある。

アリエルのケースでは、「3日以内にエリックとキス」という条件が成立しないようにアースラが妨害したのだから、アリエルは、「3日以内にエリックとキス」していなくても、「3日以内にエリックとキス」の条件をクリアしたと主張して、自由の身になれたはずである。

アリエルが契約のことを少し勉強していれば、または目付け役が宮廷音楽家のセバスチャンではなく宮廷弁護士であれば、契約書にサインをしていなかったかもしれないし、アースラの妨害に契約をもって対抗することができたであろう。
契約はタイムプレッシャーに負けず辛抱強く、将来のビジネスの姿を想像して慎重に結ぶことが大切なのだ。

27 ディズニーレッスン Disney Lesson

契約書は、ビジネスの設計図である。

アリエルのような失敗をしないためには、焦らず将来のビジネスの姿をどれだけ具体的に想像できるかということが、契約の成否のカギになる。法律や契約の知識があれば、アースラのように契約条件の成立を妨害するような卑怯なやり口に対して、簡単に対抗することができる。

② 契約書がなくても契約を認めさせる方法

ディズニー・オン・アイス、氷面下でのバトル

取引先との間に問題が生じた際、「契約書がないからダメだ……」と泣き寝入りしている方もいらっしゃるのではないだろうか。

しかし、**契約書がないと約束がなかったことになるのだろうか。答えはNO**である。メールや時には口約束だけでも、契約が成立しうることに十分気をつけよう。

ディズニーでも、ディズニー・オン・アイスの公演をめぐって、最終版の契約書が締結されていなかったために、取引先との間で紛争となり、裁判にまで発展した事件がある。

ディズニー・オン・アイスは、フィギュアスケーターが映画のストーリーや音楽にのせて氷上でパフォーマンスを行なう人気のショーである。

30年以上前から公演が開始され、世界70カ国以上で、のべ２０００万人以上の観客を動員しているモンスター・エンターテイメントショーだ。

ディズニー側は取引先に契約を守ってもらおうとしたが、あろうことか、ショーに関連する重要な取り決めがされたこの契約書には、署名も押印もされていなかったのだ。

署名押印がされたときに契約が成立するという考え方からすると、契約がまだ成立していないということになりそうだ。

しかし、裁判所は、ディズニー側の主張を認めて、契約が成立していると判断した。 決め手となったのは、署名押印直前の書面を双方が確認して、これでいこうというコミュニケーションをとり、その記録を残していたことであった。

そもそも揉め事を起こさないためにも、そして裁判で争うことになった場合にも、契約交渉途中のメールや議事録を残すことは非常に重要である。

口約束でも契約は成立！

ディズニー・オン・アイスの事例のように、裁判において、契約書がなくても契約が認められることがある。そもそも、**民法の原則は、口約束でも契約が成立することになっており、書面は要求されていない。**

ちなみに、婚約も口約束だけで成立する。実は書面も指輪も結納も不要なのである。「愛してます。結婚してください！」と彼女に宣言したあとで、正当な理由がないのに、ほかの誰かに心変わりして、なかったことにしようとしても、婚約不履行で訴えられたら負けてしまうのだ。ただし、泥酔した状態でのプロポーズは、有効にならないこともあるので気をつけよう。

日本では、契約書の作成に印紙税という税金がかかる。契約類型によっては何十万円もの印紙税をとられたりするし、２通以上作成した場合にはその通数分の税金がかかるため、「印紙税かかるし契約書まではつくらなくていいですかね？」というような話になることも少なくない。

そんなとき裁判官は、一発で契約を証明できる証拠がなかったとしても、契約があったことを合理的に推測させる間接的な事情を積み木のように積み重ねていき、契約があったかなかったかを判断するのである。

28 ディズニーレッスン Disney Lesson

契約書がなくても契約は成立する。

契約書なしに契約を成立させたり、損害賠償を請求するためには、交渉過程をメールや議事録に残そう。ディズニー社は、ディズニー・オン・アイスをめぐる裁判において、契約書なしで氷面下のバトルを制した。

Column

契約が成立していなくても損害賠償発生?

——交渉相手への配慮や誠実さも重要

契約の成立が認められなくても、損害賠償の請求が認められることもよくある。たとえば、後述する、ウォルトと「メリー・ポピンズ」の原作者のパメラ・トラバースの、同作の映画化権をめぐる交渉で考えよう。契約内容については、双方が「基本的に」合意していた。

しかし、パメラは、セリフ、音楽、配役などに無理難題を次々と押し付けてくる。それに対して、ディズニー側はなるべく要求に応えようと、セリフ、音楽、配役などを大幅に変更するなど、できるかぎりの対応を続けた。

それにもかかわらず、パメラは一方的に交渉を打ち切って、イギリスに帰ってしまう。

最終的には、契約が成立し、映画も無事公開された。そのため法律問題には発展しなかったが、もしパメラに中断された時点で、ディズニー側が訴えていたら、パメラは損害賠償を支払わなければならなかったかもしれない。

裁判においては、契約交渉に入っている当事者同士は、相互に誠実な態度でいることが求められる一種の特別な関係だと考えられる。それに違反した場合には損害賠償が認められるのだ。

契約書にサインはしていないが、セリフ、音楽、配役など映画製作の細かいところにまで好き勝手な要求をしていたパメラには、**契約交渉相手への配慮や、誠実に契約の成立に努める義務が発生していた**と考えられる。

そのため、パメラの一方的な交渉打ち切り行為には、そうした義務の違反が認められる可能性があるのだ。

先ほど、婚約の話をしたが、もし正当な理由なく婚約を破棄した場合には損害賠償の義務を負うことになる。「結婚してください」を口に出すときには、彼女の人生はもちろん法的な責任まで背負う覚悟がなければならないのだ。

何事も相手への配慮と誠実さが大事だということである。

1 不用意な情報開示と、アンカリングの失敗に要注意

「メリー・ポピンズ」映画化交渉時の大失敗

あらゆるビジネスパーソンがさまざまな交渉に携わるわけであるが、ここで**大切なのは〝情報開示とアンカリング〟に失敗し、自分が後戻りできない状況をつくらないこと**である。

ミッキーマウスの生みの親、ウォルト・ディズニーの交渉術を学べる映画がある。2013年に公開された「ウォルト・ディズニーの約束」だ。

これは、私がロサンゼルスの映画スタジオを訪れた際に、あるプロデューサーから強く勧められ、日本へ帰る飛行機の中で観た映画である。

この映画自体は、それほどヒットした作品ではない。ただ小説『メリー・ポピンズ』の映画化に至るまでの、ウォルトと小説『メリー・ポピンズ』の原作者パメラ・トラバースとのライセンス交渉を描いており、**交渉の教材としても大変面白い作品である。**

なお、小説『メリー・ポピンズ』は、母国イギリスでは知らない人がいないほど、大変有名な児童文学作品だ。

2012年のロンドンオリンピックの開会式では、空から降ってきた30人のメリー・ポピンズが、「ハリー・ポッター」の悪役ヴォルデモートと魔法対決をした末に撃退する、という演出が話題になった。

2018年のクリスマスには、実に半世紀以上の時を経て、その続編が劇場公開される。

後戻りできない状況をつくってはいけない
——契約書を交わす前に映画制作を開始してしまい、自分を追い詰める羽目に

1964年公開の映画版「メリー・ポピンズ」は、実写とアニメを合成させる、当時としては画期的なミュージカル映画で、アカデミー賞5部門を受賞するなど、ディズニー映画の黎明期における代表作の一つである。

また、この作品は、ウォルト自身が20年もの間、映画化を夢見てきて、彼が亡くなる2年前にようやく実現できた作品でもある。

では、具体的にウォルトがどのような交渉をしたか、見ていこう。先に書いたとおり、ウォルトは、『メリー・ポピンズ』の原作者パメラから、映画化のライセンスを得ることを目的に自ら交渉に臨むが、気難しいパメラとの交渉は出だしから難航する。

ウォルトは、パメラを喜ばせようと、彼女に豪華なホテルのスイートルームを用意した。そしてホテルの部屋中には、たくさんのディズニーキャラクターのぬいぐるみたちが待っていた。

すばらしいディズニーの世界をパメラはきっと気に入ってくれるだろうと、ウォルトは考えたのだった。

しかし、気難しいパメラは、「そういうディズニーっぽさが気に食わない」と、ぬいぐるみをホテルの窓から投げ捨てる始末。こんな調子だから、ウォルトとの交渉もなかなかうまく進まない。

すると、いつまでも進まない交渉にしびれをきらしたウォルトはあろうことか、契約書にパメラの署名をもらっていないのに、勝手に映画の制作にとりかかってしまう。

交渉において、自らが後戻りできない状態をつくっていくのは、一般的には大変大きなマイナスとされている。今回のように映画の制作をいったんスタートすると、俳優や広告会社、時には金融機関などと契約をしていくことになる。

そして、制作が進んでいくにしたがって、中止をしたときの損害がどんどん大きくなってしまう。交渉相手は、それを見て、制作を中止したときの損害額とほぼ同額になるまで、自らの取り分を釣り上げてくるかもしれない。

また、そうした各取引先との契約には、いつまでに何をするというスケジュールが決められていることが多い。したがって、各取引先と契約を交わすことは、パメラとの交渉期限を決めてしまうことになる。つまり、自らタイムプレッシャーを設定してしまうことになるのである。

交渉事は、タイムプレッシャーとアンカリングに注意

アリエルのところでも述べたが、**交渉において、意図的にタイムプレッシャーを利用するという戦略は、国際ビジネスの交渉でよく見られる。**

典型的な例は、交渉の冒頭に相手の帰りの飛行機の時間を尋ね、帰りの時刻が迫ってきたときに、手ぶらで帰るよりは妥協してでも合意したい、という気持ちが相手側に働くのを利用するなどである。

さらに、ウォルトは、交渉の冒頭でパメラに対して、「娘と約束しているから、採算を無視してでも映画化を実現するつもりだ」というような発言をしている。

これを聞いたパメラは、ウォルトから大幅な譲歩が引き出せるという意識を持ったかもしれない。

パメラは、本当は経済的にかなり困っていた。

しかし、彼女はそんな素振りをまったく見せない。一方、ウォルトは、終始強気な姿勢のパメラを見て、大幅に譲歩しないと、彼女が交渉から去ってしまうと思ったかもしれない。

これは**交渉実務の用語で「アンカリング」**と呼ばれるものである。アンカーとは船の錨《いかり》のことで、船が錨を下ろした場所から一定の範囲しか動けなくなってしまうというイメージである。

たとえば、ペナン島の露天商からなぜか現地でたまに売っている白雪姫の絵を買うときに、「この絵は100万リンギットより高いか」と尋ねるのと、「この絵は100リンギットより高いか」と尋ねるのでは、おそらく返ってくる答えが違うだろう。

交渉相手の心理を読み違え、交渉が暗礁に乗り上げる

話を戻すが、案の定、パメラは、ことあるごとに「契約書にまだ署名をしていないからやめちゃってもいいのよ」と言って、ウォルト側に過大な要求を突きつけてくるのである。ウォルトはなんとかしてパメラの要求に応えようと、セリフを変えたり、音楽を変えたりする。しかし、ついに応じきれないレベルにまで達し、**双方の交渉可能領域を超えて暗礁に乗り上げてしまう。**

ここまでが交渉の前半戦である。前半戦でのウォルトの交渉は、これまで述べたようにいくつかの失敗をしてしまっている。もしかすると、**ウォルトは交渉を勝つか負けるかの駆け引きと考えていたのかもしれない。**

ウォルトは自らつくり上げたディズニーのすばらしさに自信があったし、それをパメラにアピールしさえすれば、交渉に必ず勝てると考えていたのかもしれない。自分が重大な失敗を重ねていることにも気づかずに。

ここまでのウォルトの交渉は、ビジネスパーソンとして反面教師にしていただくのがよいであろう。前述したように契約が成立したと見なせるメールや証拠がないのであれば、**契約書にサインをもらわないまま突っ走ってはいけない。**

さらに、**交渉において相手に与える情報は、交渉相手や自分自身の心理に影響を与え、交渉に大きく作用する。**

交渉に関係する情報の選択、提供のタイミングや方法については、十分に注意するようにしよう。

29 ディズニーレッスン Disney Lesson

交渉では「アンカリング」と「タイムプレッシャー」に気をつけよう。

『メリー・ポピンズ』の映画化権のライセンス交渉において、ウォルトは、自ら交渉を担当したが、自分の交渉が不利になってしまうような進め方をして、結局暗礁に乗り上げてしまった。

② 交渉前の信頼構築と、事前ロールプレイが有効

パメラの深層心理を理解して成功したウォルト

交渉事では、相手の感情や思いを重視して、信頼関係の構築と事前のロールプレイが有効だ。前半戦であまりいい交渉ができなかったウォルトは、ハーフタイムを経て、後半戦

で見事な巻き返しを見せる。後半戦のウォルトの交渉スタイルは、**交渉相手との信頼関係を構築していくアプローチ**である。

ウォルトは、ディズニーのすばらしさをパメラに押し付けるアプローチから、パメラをよりよく理解しようとし、彼女の感情をつかみ、彼女との協力・信頼関係を構築するアプローチに交渉戦術を変えた。

これは、ウォートン・スクール（米ペンシルベニア大学のビジネススクール）のスチュアート・ダイアモンド教授らが提唱している手法に近い。

つまり、交渉を勝ちか負けかで捉える伝統的なアプローチではなく、交渉者の感情や交渉相手との信頼関係を重視し、互いの合意点を見つけ出すというアプローチである。

なお、スチュアート・ダイアモンド教授は、国連、世界銀行、アメリカ軍の特殊部隊、マイクロソフト、フェイスブック、ＪＰモルガンなどに助言する著名な交渉人だ。

さて、ここでウォルトは、交渉が暗礁に乗り上げたため、意図せずにブレイク（小休止）をとることになり、その結果、交渉のアプローチを変えることにつながった。

このように**交渉が暗礁に乗り上げたり、強引な駆け引きを受けたりしたときに、ブレイクをとるということは、交渉現場でよく見られるシーンである。**

ブレイクについては、ハーバード大学の交渉研究グループも、その効果を評価している。休憩することで自分も交渉相手も冷静になれるし、自分の発言や提示した条件を修正するチャンスにもなるのだ。

ウォルトは、休憩の間に、パメラのことを調べることから始める。その結果、パメラが実はイギリス人ではなくオーストラリア人であったこと、パメラの名乗っていた名前が本当は父親の名前であったこと、そして**『メリー・ポピンズ』の話がパメラの複雑な生い立ちに深く関係している物語であることを突き止める。**

さらにパメラが本当にこだわっている理由が、パメラの父親への愛憎にあることに気づいていくのだ。

感情、思いを伝え、信頼関係を構築することが大切

ブレイクを経てパメラの前に現れたウォルトは、交渉の本題に入る前に、パメラと同じように自分も父親に特別の愛憎を抱いていること、自分にとっての「ミッキーマウス」とパメラにとっての「メリー・ポピンズ」が同じくかけがえのない存在であること、そして、そうした思いを大切にした映画をつくりたいという情熱を語ったのである。

なお、そこで語られた話は本書第1章で述べられたような、ウォルトが幼いころから極寒の中で新聞配達の仕事を毎日させられ、虐待といえるような厳しいしつけを受けていたことであった。

それでも、父親を愛していること、だからこそ明るい世界を人々に見せたいと思っていること、ミッキーの前身のオズワルドの権利を奪われた悲しい思い出などがパメラに伝えられた。

そしてそれは、家族を犠牲にしながらも、自由奔放に生きる父親を愛憎するパメラと共通するものがあったのである。

ウォルトの話を聞いたパメラは、ウォルトが自分の考えや気持ちを心から理解してくれていると感じ、ウォルトを信頼して映画化をまかせる決意をする。

ウォルトは、交渉の中身を問題とするより前に、交渉相手の頭の中、心の中がどうなっているかを考え、信頼関係を構築するという交渉術を見事に実践したのであった。

役割を変えた事前ロールプレイで、相違点を共通の利益に

弁護士が交渉に臨む際、チームで事前にロールプレイをすることがある。交渉担当者の一人が完全に相手になりきり、仮想の相手と交渉をしてみるのだ。

相手の立場に立って、相手がどういうことを考え、どういう心理になるのかをシミュレーションし、交渉を設計していく。そうすることで、双方の相違点を共通の利益へと変えることができるのである。

オックスフォード大学ロースクールの交渉プログラムの中でも、役割をたびたび替えた交渉のトレーニングが行なわれる。

たとえば、まず買収側の役割で交渉をして、そしてもう一度買収側の立場で、合計三度同じ交渉をしてみる。そうすると、三度目の交渉では、相手の立場がしっかり理解できているために、交渉が驚くほどスムーズに展開されるのである。

これは日常生活においても応用できるテクニックだ。たとえば、取引先のトイ・ストーリー社との交渉をリアルにシミュレーションしてみよう。

そうすると、交渉の真の相手が、トイ・ストーリー社ではなく、担当営業マンのウッディさんであること、そして彼が本当に大切にしているのが、会社の将来の利益ではなく、自分の来月のボーナスであることに気づくかもしれない。

そうだとすれば、ボーナス査定期限の今月中に契約をする代わりに、大きく値引きをしてもらうという交渉がスムーズに展開されるかもしれない。

人を動かすときに重要なのは、相手の心の中にあるものを見つめ、探すこと。そして相手の大切なものに興味を持ち、共感することで、深く強い信頼を得られるのである。

30 ディズニーレッスン Disney Lesson

交渉の中身に入る前、相手の靴を履き相手の立場で世界を見ることから始めよう。

『メリー・ポピンズ』の映画化権のライセンス交渉の後半戦において、ウォルトは、交渉をうまくまとめた。その秘訣は、交渉の中身を問題とするより前に、交渉相手の頭の中、心の中がどうなっているかを考え、信頼関係を構築したことである。

法律・権利 Law & Right

1 法は王より強いか？ 弱いか？

西洋は東洋ほど、法意識に関して融通が利かない

法律や権利、契約に対する考え方は、西洋と東洋で大きく違う。日本を含めた東洋の、最

後は〝融通が利くでしょ〟という態度だと、海外では取り返しのつかない事態に発展しうることも理解しておこう。

法は王より強し？——王様でも契約には勝てない

前述の「リトル・マーメイド」のアリエルと海の魔女アースラの契約は、その後どうなったのだろうか？　アリエルはアースラの妨害によって、「3日以内にエリックとキス」することができず、契約の条件を成就させられなかった。その結果、契約書に従って、アリエルはアースラのものになってしまう。

そこに、アリエルの父親トリトンが登場。王家の血筋の者しか抜けない矛トライデントで契約書を破壊しようとする。王が振りかざしたトライデントからビームが出て契約書に命中。めでたしめでたし……かと思いきや、契約書は破壊されるどころか無傷。ディズニーの世界において王の矛が効かないほど、契約は強かったのだ。

王は法より強し？――東洋は西洋に比べ、契約・法律を重視しない

『千夜一夜物語』の「アラジンと魔法のランプ」をモデルにした映画「アラジン」では、砂漠の王国アグラバーの姫は、王族としか結婚できないという法律があった。その法律があるため、お姫さまのジャスミンと主人公のアラジンは、大変な苦労をする。

ジャスミンは、父親に言われて何度も王族とお見合いさせられた末に、「結婚相手の王子が見つからない場合は国務大臣が結婚相手になる」という法律の例外規定によって、悪者の国務大臣ジャファーと結婚させられそうになる。

一方のアラジンも、ランプの精霊ジーニーの力を借りて、三つしか使えないお願いごとの一つを使い、かりそめの王子にしてもらうが、恋人のジャスミンに対して、「本当の自分は王子ではない」と言い出せずに悩み苦しむ。

しかし、映画の最後10分くらいのところになって、ジャスミンの父親で国王でもあるサルタンが、「そうだ、法律なんて変えちゃえばいいんだ、だってワシは王様なんだぞ～」と

言って、法律をさっさと簡単に変えてしまい、ジャスミンが王族以外の一般人とも結婚できるようになる。

そして、そのままハッピーエンドを迎えるのである。あれ？　矛でも歯が立たないくらいに契約書が強固だったアリエルのときと全然違うじゃないか。

西洋は歴史的に契約社会であり契約を重んじるが、東洋は西洋に比べると契約や法律を重視しない――これまで多くの学者たちがこのような考察をしている。

たとえば、民法学者の川島武宜が『日本人の法意識』の中で、「伝統的な日本の法意識においては、権利・義務は、あるような・ないようなものとして意識されており、それが明確化され確定的なものとされることは好まれない」、「日本人は法律や契約を単なる建前と考える傾向が強く」などと指摘しているところである。

「リトル・マーメイド」は、王様より法律・契約が強い西洋型の社会を舞台とした作品で、「アラジン」は、王様

が法律・契約より強い東洋型の社会を舞台とした作品だったからなのかもしれない。

東洋型の伝統的な法意識からすると、アリエルとアースラの契約なんて「大岡裁き」でなんとかなると考えそうである。

しかし、**そうした法律・契約意識の低さが国際ビジネスにおいて紛争の原因になることが少なくないので、十分に気をつけておこう。**

たった一枚の契約書が海外展開を台無しにすることもある
――ウルトラマン事件からの教訓

「アラジン」型の法律意識がトラブルを招いた典型的な事例が、知る人ぞ知るウルトラマン事件である。日本を代表するヒーロー、ウルトラマンの海外展開が、たった一枚の契約書によって困難になったことがあるのだ。

「特撮の神様」といわれ、ウルトラマンの監修でも知られる円谷英二氏に師事したタイ人の実業家ポート・センゲンチャイ氏は、英二氏の息子であり円谷プロ社長の皐《のぼる》氏との間で、「ウルトラQからウルトラマンタロウまでのシリーズ等の海外利用権を譲渡する契約書」

を取り交わしたと主張。対して円谷プロ側は「契約書はニセモノ」とし、主張は真っ向から対立した。

1997年から長年続いた国際裁判は、2004年に日本の最高裁で「契約書の印は本物」とされ、円谷プロが敗訴することになる。ウルトラマンが戦えるのは3分が限界であり、さすがのウルトラマンもこんなに長い法廷闘争は苦手だったのかもしれない。

ちなみにタイでは2008年に円谷プロの勝訴、中国では2013年に円谷プロの敗訴が確定している。国によってどちらが勝つかもわからないものでもあるのだ。

前述の『日本人の法意識』で指摘されているように、**日本は欧米と比べると法律や契約への意識が低い。**円谷プロも一枚の契約書がこんなに大事になるとは思わなかったのではないか。

英文の契約書は辞書のように分厚いこともよくあるが、ゲスト（読者）の皆さまはちゃんと目を通していらっしゃるだろうか。

相手からPDFで契約書の下書きが送られてきたときに、「WORDのファイルじゃないから変更できひんわなぁ」とぼやいて、そのまま承諾してしまっていないだろうか。「交渉の余地無し」の記載を見て、簡単に修正をあきらめてしまっていないだろうか。

アリエルは契約で苦労し、ジャスミンは法律で苦労した。ビジネスにおいても、「リトル・マーメイド」型か「アラジン」型か、法律・契約意識の違いが紛争の原因になることが少なくないので、十分気をつけよう。

31 ディズニーレッスン Disney Lesson

法律は「建前」ではなく、競争のルールそのものである。

「アラジン」型に慣れ親しんでいる多くの人には厳しい現実であるが、グローバルビジネスの主流は、「法は王より強い」という「リトル・マーメイド」型の法意識であることを覚えておこう。

②知的財産権の扱いに要注意

「ライオン・キング」、パクリ疑惑を検証する

ディズニーの作品の中に、権利関係で揉めている作品やパクリが疑われた作品がいくつかある。たとえば、「バンビ」は、ドイツの原作者から映画化権の譲渡を受けた映画監督からディズニーが映画化権を取得した。

しかし、同じく原作者の遺族から著作権を買ったと主張する出版社が現れ、映画監督と出版社の間で権利をめぐりバチバチやっていた。最終的には和解し、ディズニーがその出版社から権利を買い取った。

また、ディズニーは「くまのプーさん」をめぐってもイギリスの権利者と、ライセンス料の支払いや著作権をめぐって長年裁判で争っている。「ターザン」も著作権で揉めた。

さらに２００９年にディズニーが買収したマーベル・コミックの作品の原作者との間で、「スパイダーマン」や「X-メン」など著作権の利用について紛争になったこともあった。

パクリ疑惑で物議を醸した作品の代表が「ライオン・キング」である。「ライオン・キング」は、「アナと雪の女王」「トイ・ストーリー3」と並びトップクラスの興行収入をあげた大人気作品である。おおまかなストーリーは、シェイクスピアの「ハムレット」と同じく、父を殺し王位を奪った叔父への復讐劇だ。

「ライオン・キング」は「ジャングル大帝」のパクリなのか？

「ライオン・キング」は、そのストーリーやキャラクター設定が、手塚治虫の人気アニメ「ジャングル大帝」と似ていることから「パクリ」ではないかと、日本だけでなく米国でも騒がれた。

指摘されている類似点の一部を紹介しよう。まず、キャラクター設定では、いずれの作品もジャングルの王の息子（子どものオスライオン）が主人公で、黒いたてがみで片目を負傷したライオンが悪役、ガールフレンドとして幼なじみのメスライオンが登場する。

そのほかにも、意地悪いチンピラ役のハイエナ（いずれの作品でもハイエナがいばらに絡まるシーンあり）、主人公の友だちで三枚目役のオウム、指導者役のヒヒ、おとぼけ役のイノシシなど脇役についてもキャラクター設定の類似が指摘されている。

さらに、名場面のカメラアングルの類似も指摘されている。主人公が空を眺めて父親を回想するシーン（主人公が空を眺めると空に父親が出てくる）や、ライオンが突き出た崖の上に雄々しく立つシーンなどだ。

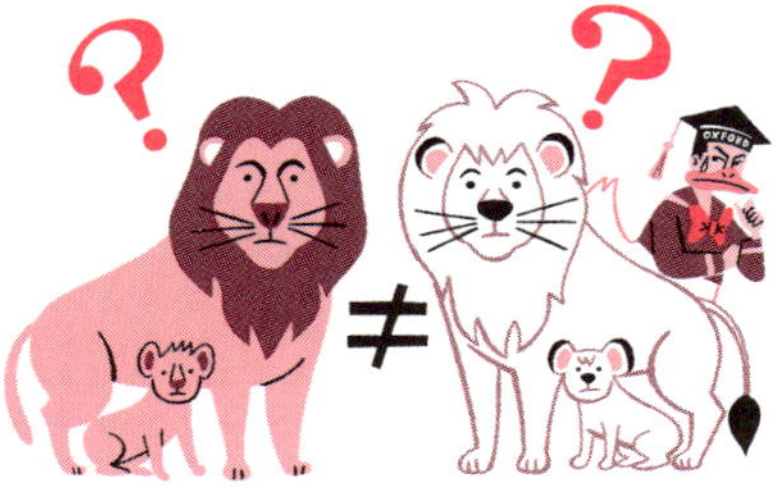

挙句の果てには、主人公の名前は、「ライオン・キング」では「シンバ」で、「ジャングル大帝」の英語版では「キンバ」である。

ここまでくると、誰がどう見ても偶然の一致ではない。

ディズニーはこうしたパクリ疑惑の指摘に対して、「ライオン・キング」の制作スタッフは「ジャングル大帝」を見ていないとして、パクリを否定している。**このディズニーの主張に対しては、藤子・F・不二雄、ちばてつや、モンキー・パンチなど日本の名だたる漫画家たちの署名入りでディズニーに質問状として疑問が呈さ**

れている。

しかし、（ディズニーにとっては幸いなことに？）手塚治虫の著作権を管理している手塚プロダクションおよび遺族は、**「ディズニーファンだった故人（手塚治虫）がもしもこの一件を知ったならば、怒るどころか『仮にディズニーに盗作されたとしても、むしろそれは光栄なことだ』と喜んでいたはずだ」**としてディズニーと争わない方針をとっている。

善し悪しは別として、この権利意識の差に、ディズニーだけが売上げ何兆円の世界的企業となり、日本のアニメはそのポテンシャルを発揮しきれずに終わる違いがあるのかもしれない。

知的財産のデューディリジェンス（徹底調査）を怠ることなかれ

「ライオン・キング」については、紛争が大きくならずに済んだ。しかし取引対象となっている知的財産がパクリなどの問題をはらんでいて、後に紛争に発展することは少なくない。そのような問題がないかどうか事前に調査し、把握する必要がある。このような調査活動は「デューディリジェンス」と呼ばれる。

デューディリジェンスにおいては、どういう権利を持っているのか（たとえばテレビ放送やネット配信だけに制限された権利を持っているのかなど）、ほかにも権利者がいるのか、それらの権利者との関係はどうなっているかなどが入念に確認されなければならない。

もし買収するコンテンツの中に、権利関係で揉めている作品や「パクリ」を疑われる作品がある場合には、将来のキャッシュフローに大きな影響があるかもしれないし、潜在的な訴訟リスクを抱えることにもなる。そうなると買収額の評価が下がるであろうし、買収自体が断念されることも起こりうる。

また、著作権の寿命が迫っているということもありうる。古い作品の場合には、その作品であと何年稼ぐことができるのかということにも留意しなければならない。たとえば、日本国内に関しては、２０１７年に「くまのプーさん」の物語についてはその著作権が切れた。とはいえ、挿絵の権利については別である。

重要な取引の対象となる物や権利について、誰が何を保有しているのか事前の調査を入念に行なうことが大切なのだ。

ディズニーレッスン 32 Disney Lesson

重要な取引をする際には、知的財産の調査を徹底する必要がある。

ディズニーの作品の中に、権利関係で揉めている作品やパクリが疑われた作品が複数存在する。「ライオン・キング」の「ジャングル大帝」パクリ疑惑もその一つである。

③ 法律は守るだけでなく、変えられる

ピーター・パンが永遠の少年でいられるのは法律変更のおかげ

法律とは、単に守るものではなく、時には変えるものだとディズニーは教えてくれる。たとえば法律によって寿命が延びたディズニーキャラクターがいる。それは、永遠に歳をとらない少年ピーター・パンだ。

ちょっといい話があるので紹介しておこう。「ピーター・パン」の原作は、イギリスの文学作品である。**その作者ジェームス・マシュー・バリー卿は、怪我や病気に苦しむ子どもたちのために、「ピーター・パン」の著作権をロンドンの小児病院に寄贈した。これにより**

著作権にもとづく利益は病院の収入となることになった。

当時のイギリス法では、著作権の有効期間は作者の死後50年と定められており、１９８７年に著作権が切れて、ピーター・パンは寿命を迎えるはずであった。

しかし、イギリス議会は、ピーター・パンの寿命が訪れる直前に、「ピーター・パン」だけに適用される特例の条文を著作権法に追加したのである。その条文によって、ロンドンの小児病院は、その後もイギリス国内での「ピーター・パン」の著作権の収入を得ることができるようになった。

もし「ピーター・パン」の映画をご覧になることがあれば、オープニングを確認していただきたい。一瞬だけ映る映像にこう記されていることに気づかれるだろう。

"WALT DISNEY PRODUCTIONS is grateful to the Hospital for Sick Children GREAT ORMOND STREET LONDON to which Sir James M.Barrie

gave his copyright of PeterPan”
（ディズニー社は、ジェームズ・マシュー・バリー卿がピーター・パンの著作権を授与したグレート・オーモンド・ストリート小児病院に感謝する）

ミッキーマウスの著作権の寿命も法改正で延ばされた
——ミッキーマウス保護法はいつまで延びるのか？

ミッキーマウスのグッズを、近所の駅前のお土産屋さんが勝手につくって販売できないのは、著作権法で権利が守られているからだ。国が独占的な権利を与えることで、作品を創作するインセンティブを確保し、文化を発展させようという制度である。

しかし、**この著作権は永遠に認められるというものではなく、各国の著作権法によって一定の保護期間が定められている。**

ミッキーマウスが初めて登場したのは1928年に公開された短編アニメーション「蒸気船ウィリー」である。

当時の著作権法によるとその保護期間は、作品が発表されてから56年間であった。したがって、本来であれば１９８４年でミッキーマウスは、ディズニー社の独占から解放され、自由の身になるはずであった。

しかし、ミッキーマウスの著作権の失効が差し迫ったころに、著作権の最大保護期間が「75年」に延長された。**法律改正によって、ミッキーマウスの寿命は、２００３年まで延長された**のであった。

その後、２００３年の寿命まであと5年と差し迫った１９９８年に、またまた法律が改正され、著作権の保護期間は、原則として「著者の死後70年間」、または法人著者の場合は「公表後95年間」か「創作後１２０年間」のどちらか短いほうが適用されることになった。

その結果、ミッキーマウスの寿命は、２０２３年まで延長されたのだ。

こうした法律改正には、ディズニー社による大規模なロビー活動が行なわれたことが背景にあるといわれている。ディズニー社はあの手この手でミッキーを囲い込んだというわけだ。**1998年の著作権延長の法律は、通称「ミッキーマウス保護法」と揶揄されている。**

なお、この法案については、アメリカ合衆国憲法に違反するとして、多くの学者やテクノロジー企業が熾烈な反対運動を行ない、最高裁判所まで争われたが、違憲の判断は下されなかった。

さて、そろそろ次のリミットの2023年が近づいてきている。次にミッキーマウスの寿命がやってきたとき、ディズニー社はどのような「ミッキーマウス著作権の延命措置」をとるのだろうか?

長年の熱烈なディズニーファンとして、また法律家として、興味を持って見守りたい。

ディズニーは競争のルールすら変えてしまう

著作権法の保護期間が経過した場合、キャラクターたちは、ディズニー社の独占から解放され自由の身になれる。

本来であればミッキーだけでなく、ほかのキャラクターたちもその後続々と解放されるはずだったが、ディズニー社によって彼らの解放は先延ばしされたのである。

ミッキーをこよなく愛する私の友人は、「長年勤めあげて十二分にディズニー社に貢献したのだから、そろそろ解放してあげてほしい。解放してあげたら新しいミッキーに生まれ変われるかもしれないのに」と深く同情していた。

ディズニー社のかつてのビジネスモデルは、著作権が失効した古典から原作を拝借して新作を開発して、それに新たな著作権を発生させるというものが多かった。にもかかわらず、自分たちの著作権が失効することには断固抵抗しているではないか、という批判が各所からあがるのは当然といえるだろう。

チャールズ・ダーウィンは「適応できる者が生き延びる」と提唱するが、私たちの社会でも、いかにルールに迅速かつ的確に適応していくかが大きなテーマとされてきた。

しかし、**ビジネスにおいては、ルールに適応したり、ルールを巧みに利用したりするだ**

けでは不十分だ。ルールを所与のものとしてとらえずに、自分に有利なルールに変えていくことができるかが生存のカギとなってきているのである。

「ミッキーのためなら法律まで変える」というディズニー社の姿勢は、グローバル競争で勝ちつづけるための一つの形を示しているといえるだろう。

33 ディズニーレッスン Disney Lesson

ビジネスでは、適応したり、利用するだけでなく、ルール自体を変えられる。

ルールを所与のものとしてとらえずに、自分に有利なルールを形成することで、競争環境自体を変化させていくことができるかが生存のカギになる。ディズニーは、ミッキーマウスの寿命を延ばすためなら、法律まで変えてしまう。

コンプライアンス（法令遵守）

Compliance

1 「誰かのため」の不正は厳禁

「モンスターズ・インク」のサリーが、マイクのためにしてしまった過ちとは？

組織や企業の不祥事において、「誰かのため」というマインドが不正をつくりだしていくことがよくある。たとえば、大企業の不正会計問題や、どこかの省庁の文書改ざんが典型的であろう。つまり、自分を出世させてくれた先輩役員のためには、鉛筆だってなめしますよというパターンである。そうした問題が起きるメカニズムを再確認できるのが、「モンスターズ・ユニバーシティ」だ。

「モンスターズ・ユニバーシティ」は、「モンスターズ・インク」のスピンオフ作品である。「モンスターズ・インク」は、ディズニー／ピクサー映画の中でもトップクラスの人気を誇る作品であり、かつ私が何度も鑑賞する大好きな映画の一つだ。

「トイ・ストーリー」シリーズしかり、「カーズ」シリーズしかり、人気作品の続編は、３～４年以内に公開されるケースが多いところ、「モンスターズ・インク」は、なぜか12年もの間、続編が公開されなかった。

この理由については、当時いろいろと憶測が飛び交っていて、ダン・スキャンロン監督はストーリー開発に時間がかかったと説明をしていたが、それほどよくつくり込まれた作品でもある。

ところで、ムーギー氏に紙面を借りてお伝えしておこう。ムーギー氏が、２０１３年のコラムでディズニーランド・パリを突撃取材したときに、パレードに登場する「青いけむくじゃらの、誰かわからへん動物」と称していたものこそが、私が大好きなサリーである。これを機にお見知りおきいただきたい。

本題に戻ろう。「モンスターズ・インク」の主人公のサリーとマイク。二人は仕事上のパートナーでもあり、大学時代からの大親友でもある。その12年越しのスピンオフ作品である「モンスターズ・ユニバーシティ」では、二人が学生時代に出会って親友になっていく物語が描かれている。

仲間が困っているときこそ不祥事が発生しやすい

「誰かのため」という大義名分に突き動かされて、不祥事を招く傾向は、欧米よりも特に日本で強い傾向にある。なお同じような状況に、サリーとマイクも陥ってしまったことが見てとれる。

名門大学の「怖がらせ学部」に所属する二人が、「怖がらせ大会」に出場してともに優勝を目指す。優勝しなければ、サリーもマイクも退学させられるという追い込まれた状況に陥っていた。マイクは「いつか必ず、怖がらせ屋になるんだ!」という幼いころからの夢を叶えるために誰よりも熱心にトレーニングを重ねる。

しかし、可愛い外見のマイクには「怖がらせ」の才能がまったくない。その様子をそばで見ていて、いたたまれなくなったサリーは、大事な仲間であるマイクのために、「怖がらせ度」が水増し評価されるよう「怖がらせ測定マシーン」に不正を施すのである。

どこかの会社の役員や社員が、大事な会社やお世話になった先輩のためを思って、帳簿上の利益を水増しするのとなんとなく似ているではないか。

ここで私たち一人一人が、このストーリーからまず学ぶべきはこの方程式である。

自分が追い詰められた状況+「誰かのため」という大義名分=不正への誘惑。

正しく帳簿をつけてしまうと業績不振の責任を問われる。それどころか、自分を部長にしてくれた先輩役員にも多大な迷惑をかけてしまう。先輩に辛酸をなめさせるくらいなら、自分が鉛筆なめなめしなければ、という具合の「よくある不正」である。

バッドニュースの後出しが、信頼と身を滅ぼす

――「怖がらせマシーン」の不正操作を後で知ったマイクが受けた衝撃

こうして種がまかれ、芽を出してしまった**企業不祥事に、肥料となり大きく育ててしまうのが、バッドニュース(都合の悪い情報)の後出し**である。不祥事が起きたことと、それ

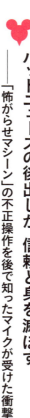

をどう外部に説明するかというリスクコミュニケーションは、別の問題と捉えて対応しなければならない。

「モンスターズ・ユニバーシティ」でも、サリーは「怖がらせマシーン」を不正操作してしまったことに加え、それを隠ぺいしてしまう。マイクはサリーの不正に気づかないまま、優勝して大喜びだ。

そしてその後、マイクが自ら「怖がらせ測定マシーン」に不正が施されていたことに気づき、自尊心をズタボロにされてしまうのである。これもある意味、「バッドニュースの後出し」といえよう。

米国企業は、バッドニュースの後出しを嫌う傾向が強く、不祥事が発生した場合には自ら積極的に開示しようとする。

これは後から不祥事が発覚した場合に、規制当局から数百億円規模の多額の罰金が科されたり、裁判で懲罰的な損害賠償が認められることがあるからだ。加えて、最初に正直に不正を告白した企業は、罰が減免されるという制度（リーニエンシー制度）が設計されていることも影響しているのかもしれない。

私たちの社会では、以前はそうした制度設計がされていなかったため、**「隠したほうが得」という打算が働き、不正をひた隠しにする傾向が強かった。**

しかし、**現在では正直者が救われる制度設計が進んできている。**たとえば、カルテル（談合）が公正取引委員会にバレる前に、自分から告白した会社は、課徴金が減額または免除されるという仕組みになっている。日本でもリーニエンシー制度が普及してきており、２０１８年には大手ゼネコン業界に激震を走らせた。

また、グローバルビジネスを展開するうえで、バッドニュースの後出しが、企業活動の継続を困難ならしめるような致命的なダメージにつながるという事件もしばしば発生しているところである。

企業不祥事が発生した際に、「ひとまずそっとしておこう」、「事実の開示を小出しにしよう」という誘惑にかられるかもしれない。

しかし、それは「破壊の魔法」であることを肝に銘じよう。

従業員個人の不正だったとしても、場合によっては不正を隠した人が刑務所に入れられることすらある。バッドニュースが発生した際は、勇気を持って開示する強さを持とう。

34 ディズニーレッスン Disney Lesson

「仲間のために」や「バッドニュースの後出し」には、会社を破壊する危険性がある。

あれほど心の清いサリーですら、マイクのためを思って不正に手を染めてしまい、壊滅的な事態を招いてしまった。勇気を持って悪いニュースを先出ししよう。

② セクハラ・パワハラで失脚しないために

ドナルドダック、セクハラで訴えられる!?

コンプライアンス問題で、社内のエース級社員を失うという事例が後を絶たない。優秀なビジネスパーソンこそ、セクハラ、パワハラを含めたコンプライアンス問題で足元をすくわれないように気をつけたいものである。

オックスフォードのサイード・ビジネススクールに留学中のドイツ人エンジニアのダッフィー氏（仮名）が、こんな話をしてくれた。彼はかつて大手自動車メーカーに勤務していたが、そのころに、パワハラで優秀な同僚を失ったそうだ。

彼の同僚のグーフィー部長（仮名）は、同僚の中でもトップクラスの評価を受けているエンジニアで、異例の若さで、数十人の部下をたばねるマネージャーに抜てきされたらしい。

しかし、**グーフィー部長の部下の一人が、グーフィー部長からパワハラを受けたと言って会社を辞め、その後、会社とグーフィー部長を相手に損害賠償の請求をしてきた。**

グーフィー部長にも一定の過失があったとして、慰謝料を支払って和解に至ったものの、グーフィー部長は、相当な時間と労力を奪われた。

そして、**本業に専念できなくなり、次第に周囲の目が気になって会社にも居づらくなり、結局競合他社に転職をした**そうである。

ドナルドダックのセクハラ、ティガーのセクハラ・暴行問題

ディズニーでもエース級のキャラクターが、コンプライアンス問題で足元をすくわれそうになった事件がたびたび起きている。まずはドナルドダックだ。

2008年に米フロリダ州オーランドの「ウォルト・ディズニー・ワールド」のテーマパーク内で、ドナルドダック（の着ぐるみの中の従業員）にわいせつな行為をされたとして、ペンシルベニア州に住む女性がディズニーを相手取り、約5万ドルの損害賠償を請求するという事件があった。

ちなみに、この女性は子どものいるお母さんであった。この女性が言うところによると、セクハラされたとき、子どもを抱いていて抵抗ができなかったそうで、その後激しい頭痛・吐き気・PTSD（心的外傷後ストレス障害）に苦しんだそうだ。

この事件は和解解決したそうだが、ドナルドはデイジーになんと言い訳をしたのだろうか。

プーさんに登場するトラの人気キャラクター・ティガーも、写真撮影でポーズをとって

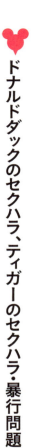

いた少女とその母親の胸を触ったとして、セクハラで訴えられたことがある。

この裁判では、弁護士がティガーの着ぐるみを法廷で着て、着ぐるみの構造上セクハラを行なうことが困難であると主張したそうである。

ティガーは、写真撮影中の少年に暴行を加えたとして訴えられたこともある。少年の父親は、カメラに向かってポーズをとっているときに、ティガーが少年の頭部を殴ったと主張していたそうだ。

確かに、ティガーは自信家でお調子者の一面がある。セクハラも暴行も、調子に乗ってついやってしまったのだろうか。

パワハラは、セクハラより判別が難しい
——「指導内容の必要性」がキーポイント

最近は、**モンスター・ペアレントならぬ、モンスター従業員という言葉も耳にするようになった。**適切な指導であってもパワハラだと訴えてくるような例である。

また、パワハラの加害者側に厳しい処分をすると、ほかの管理職たちが部下の指導に躊躇してしまい、人材育成がおろそかになってしまうのが心配だ、という相談を受けること

もある。

セクハラ問題は、歴史が比較的長く、厚労省の詳細な指針が制定され、裁判例や労災認定事案も蓄積されており、判明した事実がセクハラに該当するかの判断は比較的容易になってきている。

しかし、パワハラ問題は、その言葉が世の中に広まり始めてから15年ほどしか経っていない。裁判例や労災認定事例の蓄積も十分ではないため、ある行為がパワハラに該当するかどうかは判断が難しい。

また、セクハラは業務に直接関係がない場合がほとんどであるが、上司が部下に指導することは業務の一環であって、**パワハラは業務と直接関係している場合がほとんどである。**

個別の事案において、ある行為がパワハラに該当するかどうかの判断は難しいが、多くの事例では、**パワハラかパワハラでないかの境界が、指導の内容の「必要性」で分かれていることを知っておこう。**

パワハラ三大パターン――ガストン、エルサ、シンデレラの義母

パワハラかどうかは境界が曖昧でわかりにくいわけだが、パワハラになる可能性がある行為で、比較的起こりやすい事例をディズニーキャラクターをもとにタイプ別に紹介しておこう。①②は主にコミュニケーションの問題で、③は権限から生じる問題である。

①攻撃系――「美女と野獣」のガストン

ほかの社員の前で怒鳴る、皮肉る、バカにする。「給料泥棒！」「役立たず」などの度が過ぎる暴言は危険だ。多くの人がＣＣに入ったメールでバカにする、などもときどき起こるケースである。机をたたいたり、資料を投げつけたりする、などもご法度だ。

②冷徹系――「アナと雪の女王」のエルサ

異常に冷たい態度をとる。無視したり、会議でその社員の意見を合理的な理由なく必ずはねのける。事務連絡

さえもしないなども、パワハラに認定される可能性がある。

③権限濫用系――「シンデレラ」の義母

許可・決済を恣意的に与えない。病欠や有給休暇の申請にネガティブな反応をする。不適切な業務分担（意図的に過重・過少労働に追い込む）などがこれに該当する。

なお、**セクハラが懸念されるディズニーキャラクターは、ダントツで「ノートルダムの鐘」に登場する判事クロード・フロロー**であろう。彼は、女性の後ろから近づいて髪の匂いを嗅いだり、女性のスカーフをこっそり持ち帰って頬ずりしたりする、かなり悪質な変態である。

しかも、その女性に「私のものにならないんだったら死ねばいい」、「自分の愛を受け入れれば、処刑を撤回する」などと言って自分を受け入れさせようとする、ディズニー史上最高峰の危険人物だといえるだろう。

セクハラ、パワハラは人の感じ方ひとつで〝クロ〟になるので、十二分に注意しよう。

ディズニーレッスン 35 Disney Lesson

セクハラやパワハラの曖昧な境界線に注意しよう。

特にパワハラは〝その指導の必要性〟の境界線が曖昧であり、自分が攻撃型（ガストン）、冷徹型（エルサ）、権限濫用型（シンデレラの義母）になっていないかに注意する必要がある。

③ ビジネスの人権問題を調査しよう

ドナルドダックも白うさぎも人種差別で訴えられている

もしもあなたが人権問題に鈍感だとすると、それが人道上正しくないのみならず、ビジネス上、取り返しのつかない打撃を被ることになりかねない。

ディズニーのビジネスにとって、人権問題は切っても切れない重要課題の一つだ。ディズニーの人気キャラクターのドナルドダックが、前述のセクハラ問題に引き続き、人種差別問題でも訴えられたことがある。

アフリカ系アメリカ人家族が、5歳の息子をつれてロサンゼルスのディズニーランドへ行ったときのことだ。

その家族の言い分によると、子どもがドナルドに一緒に写真を撮ってほしいと言ったところ、ドナルドがそれを無視してほかの子どものところに行ってしまったとのこと。

ドナルドは、人種、性別などに基づいた差別を禁止する、カリフォルニア州法の規定に反するとして訴えられたのだ。

「不思議の国のアリス」に登場する白うさぎも、同じように、人種差別で訴えられた。先ほどの家族とはまた別の黒人の少年が手を握ろうとしたのを無視し、一方で、白人の子どもたちのグループには、ハグをするなどして愛嬌を振りまいたそうである（真相は不明）。

さらに、ディズニーは、労働者の搾取でもたびたび批判を浴びている。1995年には、ディズニーキャラクターの衣類を製造するロサンゼルスの工場で、児童が働かされていたことが問題となった。

どこかの豊かな家庭の子どもが着るディズニーキャラクターの洋服を、工場で働く同じ年ごろの子どもたちがつくっているというのは、心が痛む話ではないか。

ほかにも、東南アジアからの密航者を、事実上無償に近い形で労働させていることが問題となったこともある。また、ベトナムやハイチなど海外の工場において、劣悪な作業環境の中で、児童を強制的に働かせていたという事例なども報じられている。

なお、現在はきちんとした工場でライセンス製品が製造されているよう、事前にガイドラインと契約の順守が求められている。最近も規定が順守されていなかったバングラデシュでの製造から撤退するなど、ポジティブな変化があることも付け加えておこう。

人権保護の重要性――法令を遵守しているだけでは不十分

企業による人権侵害への社会的関心が高まり、人権問題への対応が企業活動における重要な課題の一つになってきている。

近年では、OECD（経済協力開発機構）のガイドラインに、企業における人権デューデリジェンス（調査）の実施が勧告の一つとして新たに加えられた。

また、企業の社会的責任に関する国際規格にも、企業活動が人権に悪影響を及ぼす恐れがないかを調査・検討する作業が掲げられている。

たとえば、石油メジャーのロイヤル・ダッチ・シェルは、ナイジェリアで石油開発をするために、人権侵害を行なっている軍事政権に利益供与をしていたとして、厳しい非難を浴びた。

また、イギリスの資源グループは、インドでボーキサイトの採掘事業を行なっていたが、地元の住民の健康被害を軽視していると批判が起こった。

その結果、欧州の年金ファンド等の機関投資家たちが、これらの会社に対する投資を取りやめるという事態にも発展した。

企業の活動における人権侵害がいったん問題となると、ブランドイメージが損なわれたり、機関投資家からの投資を受けられなくなったりするなど、事業の継続に支障をきたす可能性がある。

特に途上国においては、人権を適切に保護する法令等が整備されていない場合もあり、法令を遵守しているだけでは不十分なケースもある点に十分注意したい。

少数民族の尊厳を守ろう

——「モアナと伝説の海」の関連商品に対する、マオリからの非難

少数民族の尊厳を傷つけるような行為にも厳しく注意する必要がある。2016年には、ディズニー映画「モアナと伝説の海」の関連商品が、ニュージーランドの先住民マオリの団体から強く非難されるという事件が発生した。

マオリにとっては、タトゥーが神聖で誇り高い大切なものだ。

だが、ディズニーのオフィシャルグッズとして販売されていたのは、全身タトゥーだらけの身体に、草のパンツだけ穿いているように見えるマオリ族風の全身タイツだったのだ。これが、マオリの文化や歴史を食い物にしている、との抗議を受けたのである。

ドナルドダックも白うさぎも差別的行為を実際に行なったかどうか定かではない。しかし、人権問題で訴えられたということでディズニーの企業イメージに少なからず影響を与えたことは間違いない。

企業活動において人権問題は、もはや単なる倫理的な問題ではない。現代社会においてそれは収益や株価にも直結する経済的な問題でもある。**現場レベルの社員一人一人や、取引先までも含めて、人権についての取り組みを徹底していく必要がある。**

36 ディズニーレッスン Disney Lesson

企業活動において人権問題は単なる道徳上のテーマではなく、収益や株価にも直結する、経済的に重大な影響を与える問題でもある。

ドナルドダックや白うさぎのように人権問題で訴えられることになってしまうと、それが及ぼす企業イメージへのマイナス効果は測り知れないものになる。

ガバナンス（企業統治）

Governance

1 見て見ぬふりは身を滅ぼす

「モンスターズ・インク」の〝不正の自浄機能〟に学ぶ教訓

組織内の不正に対して、自浄機能がなければ、結果的に個人も会社も、その身を滅ぼすことになる。

不正がバレて大学（モンスターズ・ユニバーシティ）を中退させられたサリーは、その後どうなったのだろうか？　サリーが更生できたのか気になって「モンスターズ・インク」をもう一度見直してみた。

彼は、メールボーイからキャリアをスタートさせ、その後、見事にトップの業績を誇る怖がらせ屋となり、最後は社長にまで昇りつめていた。そういえば、米国の大手会計事務所アーサー・アンダーセン（現・アクセンチュア）の創業者、アーサー・エドワード・アンダーセンもメールボーイから社長になった人物だ。

「モンスターズ・インク」は、内部告発をきっかけに自社技術の革新を起こすことに成功し、一方のアーサー・アンダーセンは、粉飾決算に関与したことをきっかけに解散に追い込まれたという末路の違いは、ひとえに**組織内の自浄能力の差**によるところが大きい。

「モンスターズ・インク」での、不正内部告発

サリーを評価すべきは、その目覚ましい出世だけではない。企業倫理の観点からも、彼は見事に更生を果たしている。

特に評価すべきは内部告発の徹底である。ランドール（透明になることができるトカゲのモンスターで、サリーのライバル）が、不正な手段で業績を上げようと画策していることに気づき、彼は社長に内部告発をしていた。

しかし、実は社長も含めた会社ぐるみでの不正であったため、本来保護されるべき内部告発者のサリーが、逆に窮地に立たされてしまうのである。内部告発者の保護は日本でも

法律で定められており（公益通報者保護制度）、内部告発者に対する不利益な取り扱いは無効になるはずだ。

この制度は日本ではまだ歴史が浅いが、欧米では30年ほど前からスタートしており、今やビジネスパーソンの常識となっている。**法律で定められているだけでなく、多くのグローバル企業では、内部告発者を厚く保護する制度を用意しており、不正に対する自浄作用を働かせようとしている。**

見て見ぬふりをすると刑事責任を問われることもある

読者の皆さまは内部告発など自分には関係がないと、タカをくくっているかもしれない。しかし、ここで私たちが気をつけたいのは、**不正に気づいていながら見て見ぬふりをしていた場合のリスク**である。

同僚や部下が、品質データや会計データ改ざんなどの不正を働いているのを気づいていながら、それを会社に報告しないでいると、私たちも責任を問われる可能性があるのだ。

不正に気づいた場合に、会社に報告をする旨の規定が就業規則に定められている会社も多い。また、就業規則にそのような規定がなかったとしても、不正に気づきながらそれを放置していた場合には、就業者の正当な利益を不当に侵害したとして責任を問われる可能性もある。

特に、財務や法務などの職種の方や管理職の方は、不正をチェックすることがそもそもの職責になっていたりするため、不正発覚後、社内で処分されたり損害賠償請求をされやすい。

さらに、同僚が横領など刑法上の罪を犯しているのを知っていながら放置していた人も刑法上の罪に問われる可能性すらあるのだ。

つまり、サリーのごとくきちんと内部告発をできる人材ほど、評価される時代になってきているわけである。

内部告発を不発で終わらせないために、弁護士と連名で告発したり、証拠集めを念入りに行なったり、自己防衛策を講じることも覚えておくとよいだろう。

勇気を出して組織のトップの不正と闘うのは、ディズニー主人公の基本

この映画をご覧になられた方はご存じのとおり、モンスターズ・インクは、サリーとマイクの経営手腕によって、笑いの力で発電をするという技術革新を成功させ、不祥事発覚後も見事なV字回復を遂げた。

同じく、不祥事が発生しても、きちんと向き合い、立ち直る企業はいくらでもある。不幸にして不祥事を発生させてしまっても、決して不祥事隠しはしないガバナンス（企業統治）の構築で立ち直らなければいけないのだ。

なお、人気映画「カーズ2」は代替エネルギー会社のトップの不正に立ち向かう話であるし、「ズートピア」も組織のトップの不正と闘い、「ベイマックス」も会社のトップや大学教授の不正と闘う話だ。

会社や組織のトップの不正と立ち向かうという話は、ディズニーの鉄板の一つなのである。

社内の不正を目にしたら、私たちもぜひディズニー映画の主人公たちを胸に、勇気を持って立ち上がろう。

37 ディズニーレッスン Disney Lesson

自分の組織の不正を目にしたら、勇気を持って声を上げよう。

モンスターズ・インク（会社）は、勇気あるサリーの内部告発をきっかけに、業績を拡大させ、ピンチをチャンスに変えた。そして、サリーはそれを契機に、社長にまで昇りつめた。

②「多様な視点」をうまく取り入れる

「ズートピア」こそダイバーシティの教科書

映画「ズートピア」はダイバーシティ（多様性）について考える絶好の教科書である。ズートピアは、ネズミからライオンまで、さまざまな哺乳類動物が共存する近代都市だ。ネズミとゾウのように何百倍も体の大きさが違う動物、ナマケモノとオオカミのように性格や能力がまったく異なる動物、ヒツジとライオンのように食べる物が異なる動物、そうした多様な動物たちが共生している「人種」のるつぼである。

同作では、異なる動物同士が互いに尊重し合う光の部分だけでなく、多様性が生み出す衝突や差別・偏見といった影の部分も描かれている。

たとえば、ヒツジの副市長のベルウェザーは、市長であるライオンのよき補佐役を演じつつも、肉食動物を排除すべく暗躍する。

主人公のウサギのジュディは、ウサギは小さくて弱いから市民を守る警察官にはなれないという偏見に苦しむし、キツネのニックは、ずる賢い生き物だと軽蔑されたつらい過去を背負って生きている。

そして、肉食動物に対する草食動物の恐怖心のように、自分と違うものに対する恐怖や偏見が、時に本能的なレベルにまで組み込まれている根深いものであることまでこの映画は提示している。

異なる視点をいかに取り込んでいくかが、ガバナンスの新潮流

この**ダイバーシティは、コーポレート・ガバナンスの議論においても、今もっとも重要な概念の一つ**となっている。近年、日本企業のコーポレート・ガバナンスは大きく変化しようとしている。また、社外取締役を導入している企業も増加している。しかし、多様性というより、社外性や独立性についての議論にいまだ留まっている印象だ。

欧州では、社外性や独立性に加えて、多様性についての議論が盛んになされている。いくら社外の役員でも独立した役員であっても、似たり寄ったりの考え方の人ばかりの役員構成では、適切にチェック機能が作用しない可能性がある。社外の客観的視点に加えて、多様な視点がガバナンスの質を高めるという考え方だ。

たとえば、リーマン・ブラザーズは、取締役の大半が社外取締役であったが、経営陣の馴れ合いにより経営のチェック機能が働いていなかったことが破綻の一因であるとの指摘がなされている。

また、エンロン事件のように社外取締役がいても、その人たちは高い報酬を餌に事実上買収されていたため、不正が見逃されてしまったという例も少なくない。

役員構成を考える際に重要なのは、複数いる社外取締役たちのスキルやバックグラウンドが重複しないように、役員の組み合わせを検討することである。そして、どのような機関設計をしたとしても、結局はどのように運用するかが重要となる。

そして、単に「異なった属性」の人を入れるというだけでなく、「異なった視点」を入れることで業績向上を図るという目的を忘れてはならない。

私たちの企業活動でも、ズートピアのごとく、さまざまな動物がお互いを信頼し合い、それぞれの異なる個性を発揮していくことが強い組織づくりのカギなのだ。

第2章の最後でもミニー麻衣子が強調しているが、国や性別、民族の多様性、ダイバーシティを尊重することが、ディズニーレッスンの神髄なのである。

38 ディズニーレッスン Disney Lesson

ダイバーシティの壁を乗り越え、組織の自己統治能力を高めることが、強い組織をつくるカギである。

「ズートピア」の主人公のジュディとニックは、多様性の壁を乗り越えお互いを信頼し、それぞれの異なる能力を発揮し合って、ズートピアに進化をもたらした。

Column

多様な視点で人気投票

――オックスフォードで人気のプリンセスは誰だ？

これは余興だが、オックスフォード大学のロースクールで学ぶ弁護士たちに、好きなプリンセスは誰か、そしてその理由は何かを尋ねる緊急アンケート、「ベスト・オブ・ディズニープリンセスは誰だ！」を実施してみた。アンケートは、企業法務とファイナンスを専攻する約40人全員を対象に、メールおよび口頭で行なった。

オックスフォードはイギリスの大学であるが、ロースクールには、北米、南米、アジア、オセアニア、欧州など世界各地から弁護士たちが集まってきている。

また、ロースクールや大学の世界ランキングでは、例年1位か2位に選ばれているトップスクールである。さすがに、寸暇を惜しんで勉強をするような人たちばかりなのだが、彼らはそもそもディズニーアニメを観ているのだろうか。

アンケートになかなか回答してくれない人に不自然にネズミの話をするなど、小さな努力をこつこつ重ねてなんとか回答が集まった。その結果は、私にとってかなり意外なものであった。**なんと一番人気のディズニープリンセスは、プリンセスではなかった。一番人気はムーランだったのだ。ムーランは、王様の娘ではなく、普通の家の女の子。したがって、厳密にはプリンセスではない。**

しかも、ディズニーアニメでは、珍しいアジアのキャラクターだ。さらに、これは人それぞれ好みの問題かもしれないが、そんなに美人なタイプとしては描かれていない。このアンケート結果では、ネイティブアメリカン系のポカホンタスもかなり上位であった。

ムーランは、メリダ（『メリダとおそろしの森』）のように人並外れた弓矢の使い手というわけでもない。ラプンツェル（『塔の上のラプンツェル』）のような黄金の長い髪を持っているわけでもないし、エルサ（『アナと雪の女王』）のような魔法も持っていない。

では何がオックスフォードの弁護士たちを惹きつけたのか。ムーランを一番に選んだインドネシアの弁護士デイジー（仮名）はこう言う。**「特別な才能をもともと持っているわけではないけど、努力を重ねていくことで、普通の人が特別な人になっていくという姿にすごく共感したわ」**。

子どものころ、家の敷地でゾウを飼っていたというインドの弁護士ナラ（仮名）は、ムーランが**「自立していて、勇気を持って前に進んでいくところが好きよ」**と言う。どうやら、普通の女の子が成長していく姿や、内面的な強さが共感を呼んだようだ。

また、アンケート結果で興味深かったことがある。

それは眠ったまま王子様を待っていたり、歌声で小鳥を呼び寄せたりするような古典的なディズニープリンセスを選んだ人が、ほとんどいなかったということだ。これは、現代の新しいプリンセス像を象徴しているのかもしれない。

ただ、男性弁護士の回答では、「アラジン」のジャスミンや「美女と野獣」のベルの人気が高かった。初めて心惹かれた女性がジャスミンだというスイスのイケメン弁護士はこう言う。「本当の自分の姿を好きでいてくれるところが好きだ」。

確かにどちらのプリンセスも、肩書や外見ではなく、優しさや勇気といった内面的な魅力を大事にしてくれるプリンセスである。

女性の憧れるプリンセス像と男性の求めるプリンセス像には、どこの国でも永遠のギャップがあるようである。

Chapter 4

夢の国の人事戦略

モチベーションを高めるディズニーマジック

ここからは、再びムーギーマウスである私が冒険の先頭に立たせていただこう。

最終章である第4章のトピックは、よりあらゆる人に当てはまる、「最高のサービスを生み出す、人の育て方」に関する教訓だ。本章の内容を一言でいえば、**〝他人をハッピーにしたいと思っている人を集めて育て、高いモチベーションで頑張る仕組み〟をつくるにはどうしたらいいのか**をともに学びたい。

なお、本章の冒険の途中で誤解が生じないように、最初に明確にしておこう。本章はこれまでのウォルト・ディズニー社に関する話ではなく、東京ディズニーランドを運営する（株）オリエンタルランドに関する話である。一部で触れるウォルト・ディズニー社が直営するアメリカのディズニーランドの話は別として、本章のディズニーランドに対する論評はすべて、オリエンタルランドが運営する東京ディズニーランドに関する話だとご理解いただきたい。

ちなみに私はこれを書くために数えきれないほどデ

イズニーランドに足を運び、これを書いている今も、ディズニーランドの中で書いている。

本書の執筆のため、私は長らく以下の調査を行なってきた。まず〝ディズニーランドで働く人の視点〟から議論するべく、実際に働いていた友人の後輩の現役キャストを突き止め、ディズニーキャスト経験者および現役の皆さんに広範なインタビューとアンケート調査を行なった。

これは、情報管理に厳しいディズニーのバイトの責任者に漏れて、途中で調査にストップがかかるという厳戒態勢をかいくぐって行なわれた。

次に〝顧客の視点〟からディズニーのサービスを論じるべく、筑波大学でディズニーを研究する荻本祥氏が率いる、約50人のディズニーファンの女子中高生たちに、ディズニーのサービスに関して広範なアンケート調査を行なった。加えてディズニーランド、ディズニーシーへ合計7回にわたって足を運び、毎回インド人、韓国人、中国人、と一緒にいく相手を変えることで、さまざまな視点を取り入れた。

そして専門家の見識も反映させるべく、ディズニーに関するあらゆる書籍を調査し、そこで学んだ「ディズニーレッスン」を本章にまとめた。

ここでは**ベストセラー『社会人として大切なことはみんなディズニーランドで教わった』の著者である香取貴信氏に徹底インタビューし、ディズニー内部で働いた人ならではの、創業期からの教訓を本章に取り入れている。**

それらの総仕上げとして、2章、3章を担当してくれたミニー麻衣子とドナルド楠田とともに、ディズニーランドで極秘内部調査を行なった。さらに本書の校了直前の3月末にも最後にもう一度、ディズニーランドとディズニーシーを現地視察してきた。

ちなみに本書は**オリエンタルランドやディズニーで働く人たちが、その緘口令を破って正直に話してくれた裏事情がたくさん入っている。**

出版社のウォルト中野さんが「訴訟リスクはすべて引き受ける」と太鼓判を押してくれたので、大船にのったつもりで自由に書かせていただいた。ちなみに結構沈没するかもしれない……と思っていた矢先、実際になんと、この４章を書いている間にその出版社・三五館が本当に倒産してしまったのだが、そこからの再チャレンジのいきさつに関しては、本書の「おわりに」をぜひご一読いただきたい。

それでは、２年間にわたるプロジェクト・ディズニーの最終章〝最高のサービスを生み出す魔法の仕組み〟をめぐる冒険に、ともに出発しよう。

Contents

採用戦略

Hiring Strategy

1 顧客と一緒に働こう

「そこで働く特別感」が優秀な人材を惹きつける

ディズニーランドに限らず、最高水準のサービスを提供するには、モチベーションの高い優秀なスタッフが必要だ。この点ディズニーの採用戦略に学ぶところは非常に大きい。**その教訓とはズバリ、「ファンを雇え」の一言**に尽きる。

若者の人材不足は夢の国にも押し寄せており、実際に最近では京葉線内のキャスト募集の広告が増え、東京駅でもディズニーランドのキャスティングセンターの広告を目にするようになった。

それでもディズニーランドで働くために集まる候補者の熱量は高く、何が何でもディズニーで働きたい、というモチベーションが高すぎる人も少なくない。

それだけ熱心にディズニーキャストになりたいという思いとは、どのようなものなのか？

性別、年齢がさまざまなキャストに対し行なわれたこのたびのアンケートでは、「ディズニーで働こうと思ったきっかけは？」という質問に対し、「昔からディズニーに遊びに行って、いつか働いてみたいと思っていた」という回答が多くあげられている。

Enqête

Q ディズニーランドで働こうと思ったきっかけはなんですか？

①**昔からディズニーランドによく遊びに行っていて、いつか働いてみたいと思っていたから**

②パークに何度も行き、私も感動をつくり出してみたいと思ったから

③長年近くに住んでいて、一度はやってみたいアルバイトだったため

④あこがれのキャストさんに誘われたため

⑤ 幼いころにディズニーキャストのお兄さんに感動しました。**身長制限でアトラクションに乗れずに悲しんでいたら、大きくなったら待っているねと言われ、何年後かに行ったら大きくなったねと言ってもらえたのがきっかけ**

究極の人材採用とは、子どものころから青田買い？

「働きやすそうな環境」や「時給」などといった一般的にアルバイトを決める際の基準になりそうな回答は、今回のアンケート結果からはまったく見られなかった。

これに対し、**「ずっと働きたかった」**、**「ディズニーで受けたサービスに影響を受けた」**、**「子どものころからあこがれだった」**などの回答が目立ち、ディズニーが好きで、その職場を選んだことがわかる。言い換えれば、子どものころからディズニーランドのリクルーティング活動が始まっているのだ。

本書を書くにあたってディズニーのバイト仲間にアンケート調査をしてくれたピグレット（21歳・仮名）は、以下のように語ってくれた。

「私も働き始めてみて、**キャストにはディズニー好きやディズニーオタクの方が多かった**という印象を持っています。ほとんどが年間パスポートを持っていて、勤務後に遊びに行ったりしていました」

果たしてこの世の中に、勤務後や休日に自分の会社に遊びに行きたいという人が、どのくらいいるだろうか。子どものころの楽しかった原体験は、企業にとって顧客のＬＴＶ（Life Time Value＝顧客がその生涯にわたって当該企業にもたらす価値）を劇的に上げるのみならず、将来の社員の「究極の青田買い」にもなっているのである。

東京ディズニーランドの、キャストのモチベーションの高さは「自分が長らくファンでありつづけた、あこがれの場所にいる」ことがその根底にあるのだ。

このように、**「提供しているサービスに感動させる」「自社を好きにさせる」「自社のファンをつくる」ことが、フィットの高い人材の採用につながるのだ。**

「そこで働く特別感」を醸成しよう
──「ここで働いたら、後世で何か語れそう」

「そこで働くことで、後世に何か語れそう」という動機でディズニーでのバイトを始めたのが、舞浜の近くに住んでいて、その兄もディズニーでバイトをしていたという、前出のディズニー一家のピグレットだ。

彼女は、「ディズニーランドで働いている人たちがいきいきしている」と言う。

3章の執筆を担当したドナルド楠田もかつてディズニーバイトを体験したことがあるが、周囲のバイトの人たちのモチベーションの高さに驚いたという。

なんといっても、**「昔から大好きだったディズニーランドで働いている」という謎の高揚感がすごかったらしい**。たとえそれが、ドナルド楠田のように駐車場にとどまり、夢の国を遠くに眺めるだけの職場であったとしても「夢の国の駐車場を管理している」ということが途方もなく嬉しかったというのだ。

また、モチベーションの高い組織では自然とそこで働く人材も絞られていく。

ピグレットは、「あこがれはあったものの仕事そのものにモチベーションの低い私のような人は、そこに足を踏み込んではいけないような空気を感じるため、続けられずに自然淘汰されていく」とも証言してくれた。

お金だけでなく「自社のファンを雇える企業」は、モチベーションの高い人材を引き付けやすい。**「そこで働く特別感」を出せる企業は、採用戦略ですでに勝利している**のだ。

このことは逆をいえば、自分が心から共感する企業を見つけ、そこで働くことが、自分の大きなモチベーションの源泉になることを意味しているともいえるだろう。

39 ディズニーレッスン Disney Lesson

ファン・顧客と一緒に働こう。

「そこで働く特別感」が、優秀なリクルーティングにつながる。ディズニーキャストには長年のディズニーファンも多く、モチベーションレベルは非常に高い。

② 社員の知人を採用しよう

社員・キャスト紹介を通じたリクルーティング活動

ディズニーランドのキャスト採用で顕著なのが、**キャスト自身による紹介で多くの採用を実現できている**点だ。

今回のアンケート調査においても、「**あこがれのキャストさんに誘われたから入社した**」や、「**友人に誘われて入社した**」という回答も数多く見受けられた。

外資系の多くの企業でも、自分が会社に紹介した人材がめでたく入社すると、紹介者に5000ドルなどのボーナスが支給されたりする。たとえば年収1000万円の人をエージェントに頼めば、年収3割の300万円が採用コストで消えることになる。エージェントを介さずに採用できれば、企業にとってもコストを抑えられると

いうわけである。

このことを考えれば、**「自社に優秀な友人をひっぱってきたい」と思わせるような待遇を社員に提供することが、採用戦略上いかに重要か想像できるだろう。**

同僚を通じてその友人を採用することには、さまざまなメリットがある。まず、すでにその人を通じて業務内容などが正確に説明されているため、就職する側と受け入れる企業側の間に契約条件や仕事内容についての齟齬が生まれにくい。また、社員とすでに友人なので、チームビルディングにコストをかけることもなく、職場特有の人間関係の悩みに発展するリスクも緩和される。

たとえば、「ズートピア」ではウサギのホップス巡査が親友となったキツネのニックを連れてきて二人で大活躍した。ディズニー社の事例でも、CEOが代わるたびにアイズナーやアイガーが旧知の友人を連れてきた。ウォルト自身も前職の盟友アイワークスを呼び寄せて成功した。同僚を通じた採用は何かと合理的なのだ。

どんなに高いコストをかけて社員を採用しても、その優秀な社員がさらにフィットの高い人たちを連れて来てくれるなら、採用単価を劇的に下げることができる。逆に〝ダメな人〟を一人入れてしまうと、採用コスト、トレーニングコスト、解雇コストのすべてが急上昇するのだ。

自社のことを知り尽くした社員が、自信を持ってその大切な友人を紹介してくれるよう、効率的な採用活動のためにも、社員を大切に扱わなければならないのである。

40 ディズニーレッスン Disney Lesson

社員を通じて〝フィットの高い採用〟を実現しよう。

いい社員は、その優秀な友人を会社に連れてくる。ディズニーランドでは、キャストの紹介でその友人を雇うことができており、モチベーションと適性の高いキャスト採用に成功している。

Column

ディズニーランドとディズニーホテルで働いた教訓

――入社前に、労働環境・条件を明確に伝達

ディズニーの採用戦略で高く評価されているのが、その労働環境を明示して期待値を合わせていることである。前述のピグレット曰く、**「ディズニーではバイトの面接の時点で労働環境を明確に提示しているので、期待値とのギャップが少ない」**というのだ。

採用時に実態と大きくかけ離れた労働内容を提示したため、入社後に実態とのギャップですぐに離職されてしまうというアンハッピーな事態もよく起こっている。〝採用の時点で期待値を合わせる〟ことが大切なのだ。

ピグレットは、「ディズニーランドはシフト制度や労働時間が明記されていて、学生にも働きやすかった。

他方で、私がその後採用試験を受けたディズニーホテルでは面接で希望を伝えたにもかかわらず、入ってみると希望内容とかけ離れた労働環境だったので、期待値とギ

ヤップが強くすぐやめざるをえなくなった」と証言している。

採用活動の段階で、本当の業務内容や仕事のイメージなど、期待値を正確に合わせておく必要がある。さもないと、**短期的に採用できても、この〝若手不足〟のご時世、優秀な若者は、すぐに退社してしまうのだ。**

人材育成

Human Resource Development

1 理念と誇りを伝達

入社時の〝ディズニー・ユニバーシティ〟で、創業者ウォルトの理念研修を徹底

ディズニーの人材育成から学べる重要教訓が、**「そこで働く誇りと、高いプロ意識」**を社

員一同に浸透させることである。

入社時には、正社員もアルバイトも「ディズニー・ユニバーシティ」の研修を受ける。ディズニー・ユニバーシティとは、ディズニーの研修機関で、**その研修内容は、ウォルトの生涯や理念、ビジョンから、ミッキーマウスがなぜ生まれたのか？ といった世界観**までが含まれる。

その後も、アルバイトは一定時間勤務すると、ディズニー・ユニバーシティで新たな研修を受ける。このようにして**ウォルトの理念を社員・アルバイトに徹底している**のだ。

アルバイトにも求められる、高いプロ意識

なお、ディズニーランドでは研修中であろうと、ゲストの前では「研修中」という言い訳は許されず、高いプロ意識が求められる。コンビニなどではよく「研修中」といったネ

ームタグを目にするが、ディズニーランドにこの甘い考え方はないのだ。

ちなみにアメリカで働いていたあるキャストは、「研修中」、つまり「Training」の代わりに、「Earning my ear」という赤いシールをつけていたという。これは「ミッキーマウスの耳を生やしている最中」という意味だという。そのキャスト曰く、この赤いシールをつけていると、失敗してもお客さんが優しかったと証言している。

なお正直に言って、ディズニーのキャストにもさまざまなレベルの人がいて、ディズニーの価値観が浸透しているプロフェッショナルと、残念ながら単なるバイトさんレベルの人が存在する。

私がもっとも感心したのは、パレード中にハチのキャストさんが暑さからか、大量の鼻血を出していたのだが、血まみれになりながらも満面の笑みで踊っていたことだ。ちょっと怖かったが、ディズニーキャストとしてのプロ意識を垣間見たものである。

これに対し残念だったのは、閉店間際の「不思議の国のアリス」のレストランに、素っ気ない機械的な対応で入れてもらえなかったことだ。人をもてなすプロ意識や価値観は、なかなか伝えられないものなのだ。

ウォルト・ディズニー・カンパニーの研修機関である「ディズニー・インスティチュート」のベテラン・ファシリテーターであるリチャード・パークス氏はこう語っている。

「社員やキャストをディズニーに送り込むのではない。彼らにディズニーを送り込むことが大切なのだ」

その企業の高いプロ意識と誇り、理念や価値観を一人一人に送り込むことこそが、社員研修のもっとも重要な役割なのである。

41 ディズニーレッスン Disney Lesson

社員研修では理念と誇りを伝え、高いプロ意識を浸透させよう。

ディズニーランドでは人材採用後は、ディズニー・ユニバーシティなどで、創業以来のウォルト・ディズニーの理念と誇り、価値観を伝達している。ディズニーランドではアルバイトの研修中でも高いプロ意識が求められる。

② 行動基準を浸透させよう

ディズニーランドでの〝SCSE〟浸透の徹底に学ぶこと

社員に自発的に働いてもらうためには、〝行動規範となる価値観〟を浸透させることが重要だ。ディズニーファンには非常に有名な話だが、ディズニーランドには「SCSE」（安全：Safety、礼儀正しさ：Courtesy、ショー：Show、効率：Efficiency）という行動規範がある。

これはディズニーがキャスト全員に最初に教える、「働くうえで大切にする優先順位」を示している。**各アルファベットは優先順位の高い順**に並んでいる。つまり、**「安全」が確実に確保されていなければ、どんなに忙しくても「効率」を求めてはいけない**のだ。

このSCSEは、入社と同時に真っ先に教えられ、すべてのキャストの仕事をするうえでの判断基準になっている。

ディズニーで働くキャストの皆さんへのインタビューの中でも、**「この行動規範の浸透のおかげで、各社員が優先すべきことを理解している。安全第一で相手の立場になって考えて、行動、おもてなしができるようになった」**という声を多く聞くことができた。

ある新人キャストは、先輩キャストから教わったことを忘れないように、歩きながらメモを取っていたという。

それを見た別の先輩キャストは彼女を呼び止め、「歩きながらメモを取るのはダメ、なんでだかわかる?」と聞いた。この答えは、「安全」が保たれていないから。ディズニー的にいえば、〝バッドショー〟(後述するが、ディズニーではゲストを幸福にする良いサービスをグッドショー、悪いサービスをバッドショーと呼ぶ)だったことになるのだ。

ディズニーキャストを対象としたアンケートの結果、「ディズニーで働く中で学んだこと」についての回答で、もっとも多くの人がこのSCSEをあげた。

確かにディズニーランドで危険な目に遭うことって、以前アメリカのディズニーであった、池のそばで子どもがワニに食べられてしまった痛ましすぎる事故以外、あまり聞いたことがないのではなかろうか。

特に東京ディズニーランドに関しては、〝安全第一〟の行動基準が徹底的に浸透しているという。なお、この東京ディズニーランドの安全やサービスのこだわりに関しては、米国ウォルト・ディズニー社員も「独自の進化を遂げている」と証言している。

世界一安全な場所は東京ディズニーランド？

ちなみに、このＳＣＳＥの〝Safety（安全）〟であるが、ディズニーの徹底した〝安全対応〟から学ぶことは非常に大きい。

実際に、ディズニーでは、不測の事態もよく起こる。

子どものゲストが迷子になっていたり、熱中症で倒れてしまった人がいたり、サスペンダーをした自称グローバルエリートが「アリスと一緒にご飯食べたいんや！」などと悪態をついたり、火災や地震が起こったり……。

しかし、安心していただきたい。このような不測の事態に対しては、しっかりマニュアルが完備されているのだ。

たとえば、火災の際の役割分担なども徹底されている。この火災の際の〝誘導係〟、ゲストの最後尾について施設内にゲストが残っていないか確認する人などの担当は、なんと毎回ディズニーランドの開園前に確認されているのだ。

ディズニーランドの安全さに関しても、ファンの間で有名な逸話がたくさんある。たとえば東日本大震災のとき、埋め立てで建てられた浦安市は液状化してしまった。これに対し、同じ浦安市にある東京ディズニーランド・東京ディズニーシーには液状化の被害が起きていない。それは、ディズニーランドを建設する際にしっかり予防していたからであった。なお、当時現場に居合わせたゲストから、クッションとして使うためにさまざまなぬいぐるみが無料で配られていたとの証言も得られている。

日本はそもそも世界一安全な国の一つだ。その中でももっとも安全な場所ということは、混みすぎて、たまに巨大なカメラを持つディズニーオタクが猛ダッシュしていることを除けば、東京ディズニーランドこそ世界一安全な場所なのかもしれない。

ゲストが気づかない安全への配慮――外側のロープにある、隠れたこだわり

ちなみに、アトラクションや長く並ぶ列で、ゲストから見て外側のロープはゲストが気づかないで転んで怪我することがないよう、蛍光マークなどの目印が必ずついていることをご存じだろうか?

ただし、このことも大っぴらに公表はせず、「ゲストの気づき」を大切にするので、ゲストも気づいたときに楽しくなり、満足度が高まるという。

ゲストの安全に徹底的にこだわりつつ、それをアピールせず奥ゆかしく隠すところに、**「隠れミッキー」ならぬ、「隠れセーフティ」とも呼べるような、ディズニーの美学の神髄**があるのかもしれない。

ディズニーレッスン 42

Disney Lesson

会社の行動基準を社員全員に浸透させよう。

ディズニーランドではSCSEという、優先順位の高い明快な行動基準を徹底して浸透させている。特に最初のS（Safety：安全）へのこだわりは強力で、園内にも〝隠れセーフティ〟への配慮が徹底されている。

③ 〝顧客の気持ち〟に寄り添う行動指針

〝ハピネス文化〟と〝グッドショー〟

ディズニーランドはキャストに、ゲストの気持ちに強く寄り添うことを要求する。

ディズニーのサービスを象徴する有名なキーワードが、「ハピネス」文化と「グッドショー」ではなかろうか。特に、**ゲストがもっとも残念な気持ちのときに、それを嬉しい気持ちに変えようと一人一人が考えて行動する**ことが重視されている。

ディズニーランドでも残念な気持ちになることもある。そもそも混みすぎているし、レ

ストランもアトラクションも並びすぎているうえ、ファストパスのレーンまで並びすぎてもはやファストの意味がないのである。また、新人キャストはマニュアル対応で同行したベジタリアンのインド人のために頼んでも、「ハンバーグセット」からハンバーグを取り除いてくれないし、私が一人でディズニーランドに来て、そっとしておいてほしいのに、アトラクションで「何名様ですか？」「……一人です」というやりとりが繰り返され、非常に恥ずかしい思いをしたことも一度や二度ではなかった。

しかしそんなとき、ゲストを残念な気持ちにさせず、**ゲストにハピネスを届ける行為を指す、ディズニー独特の用語が「グッドショー」**である。

「グッドショー」とはゲストに対してよい対応が図られたパフォーマンスに贈られる言葉であり、「バッドショー」はその逆だ。

そしてこのような〝グッドショーの実例に基づくストーリー〟が、ディズニーには数あまた存在するのである。

【グッドショー実例】

・ゲストが誤ってゴミ箱に捨ててしまった指輪をスタッフ総出で探し、見つけ出した。

・幼い女の子が風船を手放してしまったのを見て、キャストがおなじ風船を用意し優しく手渡した。

・ゲストがホーンテッドマンションで落としたコンタクトレンズを閉園後、キャストが総動員で探し当てた。 etc.

不思議なことに、私自身はこんなグッドショー、一度もしてもらったことがなく、ディズニーランドで残念な気持ちになったときは、いつもそのまま放置されている。しかし一方でディズニーのサービス本をめくれば、この種のエピソードには事欠かない。

ちょっとやりすぎで、たまに白々しい気もしないでもないが、〝相手をハッピーな気持ちにしたい〟というキャストを多く集められている点は、誰しもがディズニーから大いに学べるだろう。

そして何よりも、**他者の気持ちに寄り添うことを一人一人に求めていることが、どのよ**

うな組織で働くうえでも重要な教訓なのである。

「グッドショー」の神髄——一人一人のゲストを思いやる気持ち

グッドショーの神髄は、一人一人のお客さんの気持ちに寄り添うことだ。

「ゲストの気持ちを考えるグッドショー」に関し、自分自身がディズニーで学んだ心構えを、高校生のときから東京ディズニーランドでアルバイトを始め、ベストセラー『社会人として大切なことはみんなディズニーランドで教わった』の著者でもある香取貴信氏が語ってくれた。それは香取氏が、その先輩に怒られて学んだことでもあった。

Interview

絶対に手を抜かないディズニーサービスの神髄——ゲストは遠方から来る、毎回違う人々

香取　僕はディズニーランド初期のころから、働いていました。それ以前はわれながら

どうしようもない非常識な人間だったんですが、ディズニーランドで働いたことで、ずいぶんいろいろと教えられました。その一つがサービスの神髄です。

夏休みのお盆の真ん中は入場制限があるんです。でも、従業員用のチケットは入場制限中でも入れるんですよ。だったらこの日に入んないともったいねえな、とか言って、後輩引き連れて遊びに行ったんです。

そしたらその翌日、先輩に呼び出されまして。

「お前ら昨日遊びにきてパレード見てたけど、どこで見てた?」って。

「一番前で見てました」と言うと、「**後ろにちびっ子いたのに、どうして譲ってやらないんだ? 金もらって現場でバッヂつけているときだけ親切だのサービスだのやってんじゃないか**」と。「**お前らが言ってる親切やサービスなんか、嘘っぱちだ。それはサービスでもなんでもない。偽善っていうんだ**」と怒られたんですよね。

そのとき先輩が、夏休みの話をしてくれた。鹿児島ナンバーの黄色のアルトが駐車場に並んでいた。家族４人乗っかっていて、「そんな遠くから本当に来たのかな」って思って話しかけたら、本当に車で来たと。

「なんですか?」って言ったら、お父さんが仕事が忙しくてなかなか休みが取れない。ただ、今年に限ってはお盆の直前に休みがもらえて、子どもたちにどこ行きたいって聞いたら「ディズニーランド」って言うから、「まかしとけ」と。

でもお盆の直前なんで、飛行機もだめ、電車もだめ、泊まるところもない。でも、子どもたちは行く気満々。じゃ、車で行こうって、24時間ぶっとおし運転して、ここまで来たらしいんですよ。

その話を聞いて衝撃を受けて。

それまでは後輩に「お前らサービスしないと。お客様のことを考えてやれよ」と、口先だけでえらそうに言ってたんです。

たとえばパレードが雨で中止になったときにも、「すみません」というセリフを吐いていただけで悪いなんて思ってなかった。内心は「俺が雨降らしたわけじゃないし」みたいな。「早く帰れてラッキー」ぐらいな感じですよね。

でも、**先輩が鹿児島からアルトでやってきたお客さんの話を教えてくれたそのとき、やっと目が覚めた**っていうか。それが一番自分の中でも衝撃だったし、強く覚えてますね。

それを気づかされたときから、**この人どこから来たのとか、どんな思いで来ているのかって気持ちでやるようになると、手を抜こうという自分と、「それでいいのか？」と思う自分とが対立するようになった**んです。

この香取氏が現場で体験したディズニーストーリーは、ディズニーランドがキャストに求める〝顧客の気持ちに寄り添う大切さ〟を教えてくれる。**最高水準の〝グッドショー〟を実現するには、一人一人の顧客の背景や思いに寄り添う気持ちが大切なのだ。**

43 ディズニーレッスン Disney Lesson

ゲストの気持ちに高度に寄り添うことが、最高水準のサービスを生み出す。

ディズニーランドでは、ゲストの気持ちに寄り添ったよいサービスをグッドショーと呼び、残念な気持ちのゲストにハピネスを届けることが重視されている。

最高のサービスを生む細部へのこだわり Attention to Details

1 世界観を守る、最高水準の細部へのこだわり

ディズニールックとバックグラウンドストーリー

ディズニーのサービスから学ぶうえで欠かせないのは、最高のサービス水準のための、徹底した細部へのこだわりであろう。

ディズニーでは「夢の国」に来てもらった感覚をゲストに味わってもらうべく、さまざまなこだわりのルールが存在する。

以下の記述内容は、自分自身がキャスト経験者でもあるピグレットによる、現役ディズニーキャストの皆さんへの綿密な取材に基づいている。

世界観を守る〝ディズニールック〟〝バックグラウンドストーリー〟へのこだわり

たとえばディズニーランドでは各エリアの世界観を守るため、コスチュームを着たキャストは、ほかのエリアに行って仕事をすることは絶対にできない。

またディズニールックと呼ばれる髪形や持ち物などが厳しく規定されている。髪の毛は黒に近く、風が吹いても髪が顔にかからないようまとめる。現場のかばんは無地の黒地のかばん、使うペンはキャラクターものは使用禁止――これらはすべてディズニーの世界観を壊さないための、徹底した細部へのこだわりである。

東京ディズニーランドのトゥモローランドというエリア内には、モンスターズ・インクの商品を置いている「モンスターズ・インク・カンパニーストア」というお土産屋さんがある。ここで働くキャストは、朝でもお昼でも挨拶はいつも「こんばんは」。その秘密は、バックグラウンドストーリーに隠されているのだ。

モンスターズ・インク・カンパニーストアは、映画「モンスターズ・インク」に登場する、笑いをエネルギーに変える会社「モンスターズ・インク」の社員のためにつくられたお店である。

映画のモンスターは夜、子どもたちが寝ているときに行動することから、社員のためのお店もそんな夜型モンスターたちのために夜開いている。このようなバックグラウンドストーリーから、挨拶は「こんばんは」なのだ。

私も現地で耳をすませて確認したが、キャストさんは確かに「こんばんは」と言っていた。今度行ったときはチェックしてみてはいかがだろうか。

ほかにも、ディズニーランド・トゥーンタウンのお土産屋さんにも、物資を運んでいる最中にパンクしてしまい、仕方なくそこでお店を開いたら大繁盛したというストーリーのワゴンがある。もちろんそのタイヤはちゃんとパンクしている。

バックグラウンドストーリーを知らないと何のための装飾かわからないこだわりが至るところに隠されているのである。

実際に私は本書の執筆のために歴代ディズニー映画をすべて見直したが、その後再びディズニーランドを訪れると、これまで気づかなかったバックグラウンドストーリー上のこだわりが見えてきて、いたく感動したものである。

世界観を守るためには、「客の行動」もコントロール
――制限と飢餓感が顧客満足度を高める

世界観を守るためには、そこに入る人のタイプと行動をあえて制限することも重要である。

ディズニーのサービスは、決して「お客様は神様です。お客様のご自由にお過ごしください」というスタンスではない。

夢の国を維持するために、ゲストに対してもいろいろとルールが設けられている。その最たるものが、食べ物の持ち込み禁止であろう。仮に食べ物持ち込み可能であれば、シンデレラ城の前でコンビニのおにぎりや肉まんをほおばる人たちがたくさん出てきて、生活感が出すぎて、ディズニーの世界が壊れてしまうではないか。

ちなみに制限といえば、パーク内にいるディズニーキャラの数も、インフレが起きないように絶妙に制限されている。そこで**飢餓感が醸成されているので、マイナーキャラや知らないキャラであっても、会えたときにちょっと嬉しい**のだ。

ただし、私が会いたい「不思議の国のアリス」のセイウチさん、「ジャングル・ブック」の熊のバルー、「ズートピア」のサイの通行人、「リメンバー・ミー」の、あの世で一瞬歩いていた太っちょのカエルさんなど、会いたくても会えないマイナーキャラが多いことには、今後の改善を期待したい。

それはさておき、確かにミッキーやミニーがあっちではホットドッグを売り、こっちではキャラメルポップコーンを売っていたら、そのありがたみも一挙に消えてしまうことであろう。

世界観を守るには徹底的に細部にこだわり、巧みに〝制限〟を加え、〝飢餓感〟をコントロールすることが大切なのだ。

44 ディズニーレッスン

Disney Lesson

世界観の醸成は、細部のこだわりで決まる。

ディズニーランドでは、キャストの外見やバックグラウンドストーリーの再現や顧客の行動、キャラクターの登場頻度の調整など細部にこだわることで、特別な世界観を演出することに成功している。

Column

世界観へのこだわり

――「眠れる森の美女」のお城はリアル王子が所有していた⁉

「ねぇねぇ、ディズニーランドには王子様がいるの？」

たくさんの女の子たちがこの疑問を持ったことがあるのではないだろうか。お答えしよう。ディズニーランド・パリには実際に王子がいた。

ディズニーランド・パリといえば、私が以前、突撃取材を敢行し「チケットが高い」、「夢の国の園内がタバコで煙たい」、「食事が凍っていてずさん」、「スタッフの情熱が足りない」、「ミッキーマウスが心（および中に入っている人）を入れ替えて、誠実に顧客に奉仕することを願う」と抗議していた、本書執筆のきっかけともなったテーマパークである。

ここで私がディズニーランド・パリに実際の王子がいたというのは、ディズニーランド・パリがかつて、本物の王子に所有されていたからだ。同社の株主は、サウジアラビアのアル・ワリード・ビン・タラール王子という本物の王子であった（ちなみに2017年の政変で一時逮捕の憂き目にあっていたが、幽閉先は同国のリッツカールトンホテルだったといわれている）。

なおその所有者は、正確には王子が所有するキングダム・ホールディングという投資会社で、この会社名もなんとなくディズニーっぽい。ディズニーランド・パリのキャッチフレーズは、「マジック・キングダム」である。

そして、20年以上にわたり、王子が株主であったのだが、2017年初頭に王子は所有する株式のすべてをウォルト・ディズニー社に売却して、ディズニーランド・パリを去ってしまった。
王子はこれまで経営不振が続くディズニーランド・パリの危機をたびたび救ってきたのであるが、ついに愛想が尽きてしまったのだろうか。

ちなみに、アル・ワリード王子が保有していたディズニーランド・パリのお城は、シンデレラ城ではなく「眠れる森の美女」のお城というのは、ご存じだろうか。

これは、フランスには立派なお城がたくさんあるので、さらに世界観と細部にこだわった、ほかのディズニーランドより大きなお城を用意したともいわれている。

「眠れる森の美女」の王子は白馬に乗っていたが、アル・ワリード・ビン・タラール王子は白いプライベートジェットで颯爽とお帰りになられたことであろう。

② 最高水準の掃除のこだわり

ディズニーが目指す掃除の結果は開園日

最高水準のサービスを提供するには、日々の基本的な作業においても、最高水準を求める必要がある。ディズニーでそれが象徴的に表れるのが、掃除（ディズニーでは〝カストーディアル〟と呼ばれる）への徹底したこだわりだ。

ディズニーランドでは、汚れる前から掃除が始まっているという。たとえば、このカストーディアルスタッフの制服が非常に可愛らしいことにもディズニーランドの掃除重視の姿勢が見てとれる。

「まだそない汚れてないからかまへんやないか！」というのはディズニーに通用しない。**ディズニーの掃除が目指すのは「開園したその日」なのである。**１９８３年４月15日の開園日から35年が経過した今でも、毎日開業日に戻すべく掃除がなされているのだ。

ディズニーランドでは、ゲストに対応しながら「デイカストーディアル」、閉園中の作業

「ナイトカストーディアル」、午前0時からは「グレーブヤードシフト」……というようにまさに24時間態勢で掃除がなされているというのだから、その徹底した掃除へのこだわりには頭が下がるではないか。

ディズニーランドの掃除へのこだわりは有名になっているので、実は私はディズニーランドに行くたびに、必死になってゴミを探している。しかし、これが大変、結構本当に見つからないのだ。それこそ、夢の国の入り口についた途端から、最後の「美女と野獣」のイルミネーションショーと花火を見て帰途につくまで、ゴミに出合わないのはこうした徹底した掃除のおかげなのである。

掃除しやすい設計へのこだわり——掃除でゲストにハピネスを

掃除へのこだわりは、〝掃除のしやすさ〟への熱烈なこだわりにもつながっている。たとえば東京ディズニーランドのワールドバザールには大きな屋根がついているが、ひさしの上には移動式の足場が取り付けられ、高所作業車もスタンバイされている。この屋根はそもそも掃除しやすいように設計されているということも、ディズニーファンの中では有名な逸話だ。

「掃除の神様」の異名を持つ、ディズニー米本社のチャック・ボヤージン氏は「落としたポップコーンを平気で食べられる」水準で掃除をしようと常に訴えていた。そして、**掃除が徹底されていたら、人は申し訳なくてゴミを捨てられなくなるので、そのレベルを目指せ**というのだ。

「東京ディズニーリゾートの清潔さの基準は赤ちゃんがハイハイできるか」であるという名言も有名である。

ディズニーの掃除は、清掃が目的ではなく、ゲストの安全のため、ゲストへのハピネスの提供のためになされている。

「満足できる水準の掃除」を目指すのではなく、「掃除でゲストを幸福に」という目線の高さに、私はディズニーサービスの神髄を見た思いである。

「家の掃除」を「カストーディアル」と呼ぶだけで起きる、魔法の効果

余談だが私もこの話に感化され、自分の掃除を「カストーディアル」と呼び出してみた。するとびっくり、いつもはずぼらな掃除しかしていなかったのに、「私の掃除は〝カストーディアル〟か」と思うだけで、熱の入れようが変わり、えらく徹底的に掃除するようになったのだ。私もうまいことディズニーサービスのマジックにかけられてしまったのかもしれない。

たかが掃除、されど掃除。**夢の国の魔法は、掃除のような仕事の基本の積み重ねで実現しているのだ。**

〝掃除でゲストにハピネスを届ける〟という高い目線で掃除の概念を再定義したところに、ディズニーランドの最高水準のサービスの神髄が見てとれるのである。

45 ディズニーレッスン Disney Lesson

掃除はサービスの基本であり、掃除への姿勢はあらゆるサービスへの姿勢に影響する。

ディズニーランドは掃除のしやすさにもこだわっており、掃除によって開園日の状態

に戻すことを目指すという、高い目線で掃除をしている。

Column

東京ディズニーランド、掃除の恩人はダスキン

さて、ここまでの議論で、いかに掃除一つで企業の全般的な姿勢が見えてしまうかを私たちは学ぶことができた。

ところで今から35年さかのぼったディズニーランド開園当初の状況はどのようなものだったのだろうか。

ここで、再び香取氏に「ディズニーランドの掃除の神髄」に関して、東京ディズニーランド開園当時のストーリーを語っていただこう。

Interview

トイレの名前はリンダ——すべてはダスキンレディーのおかげ

香取　当時、僕の上司はカストーディアル出身の方でした。その上司から聞いたのですが、東京ディズニーランドが設立されるとき、清掃部門のスタッフは、浦安駅の公衆トイレを借りて掃除の練習をしたり、グランドオープン前は現場のトイレは汚れないので、従業員用のトイレで練習していたそうです。同僚が使った後のトイレを掃除するのは、結構きつかったって言っていました。

でもそこで、**指導役のアメリカ人は、「便器に名前をつけろ」と言って、リンダなんて名前をつける。「リンダ、今日も頑張ったね」って便器に語りかけるのです。**いまでは美談になってますけど、それを聞いた当時の日本人はみんな「**バカじゃないか。何がリンダだ。便器なんかに愛着わくわけないだろ**」って浦安の飲み屋で愚痴を言っていたそうです。

そこにダスキンが入った。アメリカの薬剤が日本の施設に合うかという問題があったので、日本の掃除の専門家であるダスキンに入ってもらったんです。

当時の社員たちからすると、アメリカの指導者よりも日本人のダスキンスタッフのほうが距離感が近い。文句や愚痴を聞いてくれたり一緒に飲みに行ったりできる。

「やってらんない」って言うと、ダスキンさんが「大丈夫だよ。オリエンタルランドは大きいから、異動があるし、最初に嫌なことやっていたらいいじゃん。あとは花形ばかりだよ。頑張ってやろうよ」って励ましてくれたんだそうです。

でもよく考えてみたら、**ダスキンさんの仕事はずっと掃除なんですよ。それなのに、そこまで言って、社員を励ましてくれてた**んですよ。

オープンしたあともアトラクションのほうは若い子がいっぱいアルバイトで集まるけれど、掃除のほうは時給を上げても集まらない。結果どうなったかというと、人が回せないから、浦安のダスキンレディーの方々にお願いして、ディズニーのコスチュームに着替えてもらって、清掃の部署を回していたこともあったそうです。

そのうちの何人かはダスキンレディーを卒業されて、東京ディズニーランドに清掃のアルバイトとして入ってくれた。その方たちがものすごいんですよ。それからずっとディズニーで働いていていて、いまではお孫さんと一緒に働いている方がいるんだそうです。

僕はこのエピソード聞いて泣いちゃった。孫と一緒にお掃除してるんですよ。ディズニーの掃除の礎って、そういう方たちのおかげですよね。

このディズニーランドの掃除をめぐる開園当初のストーリーからは、ディズニーがサービスの基本である掃除にどれほどこだわってきたかがわかる。そして、この〝**夢の国の基本**〟**を支えてきた**〝**数々の縁の下のヒロインたち**〟**の存在も思い起こさせてくれるのだ。**

どのような感動のサービスも、**陰の目立たないところで一生懸命支えてくれる人たちがいることに、感謝の気持ちを忘れないようにしたいものである。**

3 会社がこだわるからこそ、社員もこだわる

五感と空間で、夢の国のテーマを実感させる

ディズニーの最高水準のサービスのための、会社側のこだわりは強い。**会社がこんなにこだわっていることが素直にすごい、と社員一同、感嘆している**くらいだ。

香取氏はディズニーランドに隠された、細かすぎるまでの世界観の維持に向けた努力について次のように語ってくれた。

Interview

五感でテーマを感じてもらうのがコンセプト
――エリアごとの境界線にある、滝の役割

香取　ディズニーランドでは、**五感でテーマを感じてもらうのがコンセプト。一番難しいのが聴覚なんです。**エリアごとにテーマのミュージックがかかってるけど、境目のと

こって、どんなに調整してもかぶっちゃう。どうするかというと、そこに滝をつくったりする。

滝の音で音楽が遮られ、音が混ざることがなくなるんです。これに気づくお客様はいないし、そのことは言ってないですよね。ディズニーマジックだから。でも、従業員は知っている。

「いいじゃん、音がちょっとぐらい混ざってもよ」なんて妥協を許さない。だから僕らもちゃんとやらないといけないって思わされる。**会社がこんなにこだわってるんだから、僕たちキャストもこだわらなきゃと思いますよね。**

求められるものは高いわけじゃないですか。**それだけつくりこまれていたりするんで、だから本気になれるんじゃないですか。**

たとえば、ジャングルクルーズのジャングルや象が適当につくられていたら、クルーも本気でやらないですよ。その辺はさすがにすげえなって思いますよね。

この「五感でテーマを感じてもらう」ためのこだわりも、ゲストに対する徹底したサービス精神がもたらすたまものである。**このエリアごとの境に設けられた滝もネットなどです**

でに有名になっているが、今や〝隠れミッキー〟ならぬ〝隠れこだわり〟を探すのも、ディズニーランドの新たな楽しみに進化しているのだ。

「世界観を守るための最高水準のサービスの神髄」は、このような細部へのこだわりに宿るのだ。

空間心理学が駆使されたテーマパーク構造

――各エリアの配置順序にも、こだわりの配慮

ゲストにハピネスを届ける空間にするために、ディズニーランドでは空間設計に関してもさまざまなこだわりがある。一例をあげれば、そもそも多くの人は右利きであり、無意識に反時計回りに歩くことを好む習性がある（たとえば陸上競技のトラックは、反時計回りに走る）。そこで**ディズニーランドでは人の動きを分散させて混雑を避けるべく、あえて時計回りに人が移動するようにデザインされている。**

東京ディズニーランドに限らず世界中のディズニーランドにおいて、入園後に左から時計回りに園内を一周すれば、原点から過去、ファンタジーの世界、そして未来に冒険でき

るように、各エリアが配置されている。

まずは入り口の「ワールドバザール」だ。ここはアメリカの古き良き時代、ウォルト・ディズニーの原点である、生まれ故郷マーセリーンの街並みがモデルになっている。そこからまず左側に歩みを進めれば、「カリブの海賊」や「ジャングル・クルーズ」のある「アドベンチャーランド」があり、そして西部劇時代をあしらった「ウエスタンランド」という過去が配置されている。

続いて、いつも混雑していて私が乗れた試しのない「スプラッシュ・マウンテン」などがある「クリッターカントリー」を抜けると、ちょうどディズニーランドの入り口から一番遠くの対面に位置する「ファンタジーランド」で、白雪姫やアリス、シンデレラ、ピノキオやピーター・パン、プーさん、ダンボたちに出会える。

続いてミッキーやミニーたちが住んでいる「トゥーンタウン」があり、最後に未来をテーマにした「トゥモローランド」にたどり着く。そこには未来に相応しい「スペース・マウンテン」やピクサーの世界が広がっている。そしてそのまま進めば、最後に「ワールドバザール」に戻ってくるつくりになっているのだ。

なお、「五感でテーマを感じさせせるこだわり」の最高峰はやはり「ミッキーのフィルハーマジック」という3Dアトラクションではなかろうか。キャラクターが水を浴びるシーンで実際の水しぶきが前の席から飛んでくること、シーンに応じて異なる香りが出てくること、そして極めつけは最後の場面で実際にドナルドが三次元に飛び出してくること、さらにはシアター内部の壁のポスターの文言も含め、最高水準のこだわりが満載である。

このように**ディズニーランドの空間設計は人の行動習性が意識されており、各エリアの配置に関しても、随所にさまざまなこだわりがあるのだ。**

注意力散漫な私は特に実感しなかったのだが、そんな空間心理学上の配慮が行き届いていると知り、深く感銘を受けてしまった。そこで本書の章のあいだのデザインに〝滝〟のイラストをあしらい、さらに各章扉に一つずつ〝隠れムーギーマウス〟まで配置しているのだが、愛するゲストの皆さまにおかれましてはお気づきいただけただろうか。

私たちもディズニーサービスの細部へのこだわりに負けないよう、〝最高水準のこだわり〟を自分の仕事で見せていきたいものである。

ディズニーレッスン Disney Lesson 46

会社が細部に徹底的にこだわるからこそ社員もこだわる。

ディズニーランドではその世界観を守るため、〝五感でテーマを感じさせる〟をコンセプトにしている。また空間心理的な面からも、ゲストへのハピネスが追求されている。

モチベーションマネジメント（動機付け）

Motivation Management

1 モチベーションを高く維持させる仕組みと人材

「ほめる文化」と「ファイブスターカード」

顧客にサービスを提供する社員のモチベーションを高めることは、あらゆる企業にとって極めて重要な課題である。そしてモチベーションの高め方を語るうえで、「ほめる文化」

と「尊敬できる先輩・同僚の存在」は不可欠であり、この点われわれがディズニーランドから学べるものは大きい。

実際に、**ディズニーランドには「ほめる文化」が定着している**と、多くの社員が証言してくれた。

その秘密のひとつが「ファイブスターカード」である。

すばらしい行動をしたキャストを見かけると上司がその行動を称える「ファイブスターカード」を手渡す。これをもらった人は「ファイブスター・パーティー」に出席することができ、仕事に取り組むキャストのモチベーション維持に役立っている。

また、キャスト同士がすばらしい行動に専用カードに匿名でメッセージを書いて称えあうのが、**「スピリットオブ東京ディズニーリゾート」活動**だ。

カードが溜まると「スピリット・アワード」を受賞できる。受賞者にはウォルト・ディズニーとミッキーマウスが描かれたスピリット・アワードピンが授与され、ミッキーたちを含めた同僚の祝福の中、表彰式が行なわれる。そこではアラジン、ジャスミン、ジーニーも登場し、キャストのためだけの特別ショーが行なわれる。たいていの会社は社員同士が陰口ばかり叩いているのに、この〝ポジティブ陰口〟ともいえるディズニースピリットから、私たちが学べるものは大きい。

なお、キャストたちのあこがれとして「ディズニー・アンバサダー」が存在することもよく知られている。

ディズニー・アンバサダーとは、東京ディズニーリゾートの親善大使である。社長の代理となり、ミッキーやミニーとともに各地を訪れ、イベントに参加する。この大役には、契約社員、正社員、アルバイトの分け隔てなく立候補できる。

ディズニーには、社員のモチベーションを高めるためにさまざまな仕組みが備えられているが、中でも**ほめられ、評価されていると実感させることがモチベーションの維持には重要**なのだ。なにせ人に感謝されるというのは、人間の根源的な欲求なのだから。

とある心理学で「ほめてはいけない」という言説が広められたが、その19世紀生まれの心理学者は複雑な近代企業で勤務したことはなく、時代と環境は大きく変わっている。この言説を、実際のビジネスの現場の人事戦略に当てはめてはいけないのである。

ゲストだけでなく、キャストにもハピネスを届ける

社員のモチベーションを高めるには、いかに会社に自分たちが大切にされているかを実感してもらえるかも非常に重要となる。

ウォルト・ディズニーは、社員をもてなし、楽しませる企業文化こそが、会社への誇りを生み、誇りこそがよいものを生み出す原動力だと認識していた。

そもそも、会社にこき使われていると感じながらモチベーションを維持できる人はいない。また不当に搾取されていると感じ、自分の知性と感性を含め一人の人間として尊重されていないと感じながら、会社や顧客のために全力で働く人などいないのだ。

生前のウォルトはこう語っている。

「私たちはここで働く一人一人をトレーニングするんだ。彼らを楽しませ、もてなす。**一回、ポリシーが築き上げられれば、あとは自然と継承されるものだよ**」

社員を楽しませ、トレーニングさせる。ウォルトが築いた「仲間をもてなす」というポリシーは彼の死後半世紀を経ても、見事に東京ディズニーランドにも継承されているといえよう。

きちんと評価され、ほめられ、感謝されているという誇りが、よい仕事をするモチベーションの源泉となるのである。

47

ディズニーレッスン Disney Lesson

組織のモチベーションを高める、ほめる文化が大切。

ディズニーランドではファイブスターカードやスピリットオブ東京ディズニーリゾート活動、そしてディズニー・アンバサダーの制度などで、頑張りが認識され、評価されるようにできている。会社がキャストを大切にしてこそ、彼らがゲストを幸せにするモチベーションを高めることができるのだ。

Column

ディズニー式〝叱り方〟のベストプラクティス

――「なぜか」の理由をきちんと伝える

会社に大切にされていると思ってもらいながらも、もちろん叱るときはきちんと叱らなければならない。そんなとき一番難しいのは、〝うまく叱る〟ことではなかろうか。ディズニーでは、キャストを叱るときに、「なぜダメなのか？」の説明を重視する。

また、問題点を指摘した後、そのまま放置してはいけない。言いっぱなし、怒りっぱなしはNGで、現場に赴いて直接伝えたら、その結果どうなったかを見守り、評価までも伝える。

ディズニーランドではなんらかの行動をする際にはその理由が示される。

たとえばカストーディアルにおいて「肩、腰、膝、くるぶしが一直線になるように立ちましょう」という指示をするときには「そのほうが体に負担がかからないから」という理由が示される。

また「ダストパン（ちりとり）を持つときは、取っ手のところを持って、腰骨のあたりにつけて持ちましょう」というのは、万が一にもゲストにあたることのないよう安全上の配慮なのである。

「なぜ？」という問いに対し、「そういう決まりだから！」という返答はNGなのだ。

私の著書『一流の育て方――ビジネスでも勉強でもズバ抜けて活躍できる子を育てる』の中で、さまざまな分野で活躍するプロフェッショナルたちが人を育てるうえで、叱るときは感情的にならず、理由をきちんと伝えることの大切さを指摘していたが、それは夢の国でも共通しているのである。

指示には的確な理由を添えることで、キャストも受け入れやすくなる。**こんな〝指示の仕方〟や〝叱り方〟への配慮にも、〝社員重視の姿勢〟が現れるのである。**

② ルーティンワークの中で、モチベーションを維持する方法

ジャングルクルーズでは一人のゲストに全力で集中

モチベーションは一度高めても、ルーティンワークの中で埋没してしまうものである。特に、いやな同僚や上司、そしてお客がいれば、すべてを投げ出して辞めてしまいたくなるのも、人情であろう。

モチベーションの維持という点では、「どの顧客に自分の神経を集中させるか」も大切である。これに関し、香取氏のジャングルクルーズでの逸話を紹介させていただこう。

Interview

手抜きするプロより、下手な素人の一生懸命

香取　ムーギーマウスさん、ジャングルクルーズってぜんぶ台本が決まってるんです。それで10分間で一周を、一日多いときで40周ぐらいする。

一日数十回もやっていると鮮度がなくなってきて、僕も飽きてくるんです。すると同じことをやってるつもりなんだけど、ゲストには受けなくなる。そうすると矛先がゲストに向く。「今日の客はノリ悪い」って。

ある日、僕は先輩から「いまのお前のボートなんか面白くない。素人同然の新人のほうが面白い」と言われた。

「新人はセリフも表現力もへたくそ。でもお前にないもんがある。それは一生懸命さ。お前も全力でやれ。へたくそから全力抜いたらただのへたくそだ」って。もちろんうまくやることも大切だけど、とにかく**一生懸命やることが人に伝わるんだ**と何度も何度もやらされて。

ムーギーマウス　そういう経験は今の仕事にも役に立っているわけですね？

香取　僕は今、よく講演会で講師をさせていただくことがあるのですが、たまに怪訝そうに聞いている人もいるし、寝てる人もいます。それが気にならないのはディズニーランドのおかげですね。

すげえ真剣に聞いてくれる人もいれば、前世でこの人に何か悪いことしたのかなと思うくらい敵意むき出しにしている人もいたり……。

でも個々の人が気にならなくなるのは、ジャングルクルーズと同じ。聞いていない人もいると、最初はそっちに目が行っていた。あいつ聞いてねえじゃんって、だんだん腹立ってきて、自分のポテンシャルを落として、流したりするんですね。

100人いて、お前のボートが99人がつまらないと思っていてもいい。そのうち一人でもお前のボートは楽しいと思ってくれる人がいれば、どこに熱量を向けるのか。そのたった一人を見つけろ、と先輩に言われたことを思い出すんです。

そっち側に合わせてしゃべれっていうのをずっとやらされてきた分、講演会とかでも、一人でも聞いていていてくれたら全然ＯＫですもんね。

この〝一人の真剣なゲストに集中する〟大切さは、私たち一人一人のどのような仕事に

も当てはまる教訓ではなかろうか。

不平不満を繰り返す同僚や上司、そして文句を言ってくる客のことのほうが頭に残るものである。それでも喜んでくれた一人一人からもらった感謝の気持ちを思い起こすことで、前向きにいい仕事をするモチベーションが湧いてくるものなのだから。

48 ディズニーレッスン Disney Lesson

ルーティンワークの中でも、一人の真剣なお客さんに意識を集中させよう。

ディズニーランドでも、モチベーションの高いキャストは毎日何十周もするジャングルクルーズにおいて、楽しんでくれる一人一人のゲストにその熱量を集中させている。

Column

コスプレで上がる、モチベーション
――ヒーローは一瞬たりとも変なことはできない

香取氏はまた、仕事のモチベーションの高め方に関して〝コスプレ〟の意外な威力を指摘する。制服や衣装が気分に大いに影響するのは実体験からもわかるが、それはディズニーランドでも同じなのである。

Interview

衣装・コスプレがキャストをヒーローに変身させる

香取　**モチベーションを高めるうえで、コスプレの力って大きい**と思うんですよ。ジャングルクルーズのセットと衣装を着るから船長になるんですよ。あれを着ているから、困っている人がいたら声をかける。そのスイッチが入るんです。

一万円札がそのまま道に落ちていたら、結構多くの人がラッキーって拾いますよね。でも、パークの中であのコスチュームを着ていると、そのままとる人、一人もいないんです。１００円でも、10円でもそうです。ヘアピンひとつでもそうです。

僕は最近、ほかのパークでその重要性に気づいた。たとえばプールのライフガードをやってると、1時間に1回水底確認をするんです。危険がないかをチェックする。するとお金も落ちてるんですよ。

びっくりしたのは、「500円玉3つ見つけたから、ジュースおごってあげようか」って言われたんですよ。ちょっと待って、お前ら習ってるだろ。落ちてるお金は届けるルールになってるだろ、と。「いや、そんなもん誰も取りになんか来ないっすよ」って、彼らはそんな感覚ですよね。

本当はヘアピン一個でも届けなければならないんですよ。ディズニーランドならみんな間違いなく届けます。教育ももちろん重要ですけど、コスプレ効果も見逃せないと思います。

コスプレによって、一人一人のキャストがゲストにとってのヒーローになれるんです。

ヒーローは少しも変なことできませんからね。

確かに私も、赤いネクタイとサスペンダーをつけて、ハピネスを感じるディズニー帽子をかぶらなければ、ムーギーマウスとしての心のスイッチが入らないものである。服装が自分のパフォーマンスに及ぼす影響は、決して無視できないくらい大きいものなのだ。

コミュニケーション能力向上

Communication Skills

1 顧客との対話を大切にする

印象の良い一言へのこだわりと、失敗したときこそ〝神対応〟

東京ディズニーランドで働いている人に話を聞くと、**ディズニーランドに入ってコミュ**

ニケーション能力が伸びたと感謝している人が多い。では、ディズニー式コミュニケーション能力向上の秘訣とはどのようなものなのだろうか。

たとえば東京ディズニーランドでは「いらっしゃいませ」ではなく、「おはようございます」「こんにちは」「こんばんは」を用いる。そのほうがゲストとのコミュニケーションが取りやすいためだという。

また、キャストたちがいつも情感を込めて「いってらっしゃい」と言うのは、人は去り際の一言が印象を決めるので、その印象をよくするための工夫だという。

なおディズニーランドで働いてきたキャスト経験者曰く、ゲストに何か聞かれたら、詳細に何を求められているのか聞きだすことが重視されているという。

「昔売っていたあの商品はもうないんですか」から、「あのアトラクションはどこですか」「トイレどこですか」、そして失笑なケースでは「3時のパレードは、何時に始まるんですか?」まで、東京ディズニーランドのキャストには日々ありとあらゆる質問が投げかけられる。それらの一つ一つに丁寧に答えるよう、ディズニーキャストたちは指導されているのだ。

特にミスインフォメーション（不正確な情報）は厳禁である。実際にディズニーランドに寄せられる苦情の多くは、係の人がくれた情報が間違っていた、というものが非常に多いため、ゲストが求めていることを正確に確認することが求められるのだ。

失敗をチャンスに変える「神対応」

ディズニーランドでは、お客さんが何か困っているときに、コミュニケーションを徹底して〝ハピネス〟を届けることが重視される。たとえば、子どもに多い話だが、パーク内で怪我をしてしまい、せっかくの楽しい時間を台無しにしてしまうこともある。

そんなとき、**ディズニーでは無粋な鉄パイプの椅子やベッドではなく、ちゃんとディズニーの世界観のある救護室が用意されていて、軽傷であれば看護師さんがすぐに対応してくれる。**

ディズニー仕様の救護室で手当てを受けられれば、子どもにとってはまさに特別な経験になるだろう。

ディズニーのパーク内でも、泣いている子どもに、キャストの人が近づいていって話しかけ、地面にキャラクターの絵を描くプレゼントをしてくれることがある。

また、ポップコーンを床に落として泣きわめけば、キャストが「サービスリカバリーカード」をくれて新しいポップコーンを手に入れられることもよく知られている。

これらは子どもにとって嫌な気持ちが一気に晴れて、ディズニーを大好きになる瞬間だろう。

マイナス感情をプラスに変える〝神対応〟にこそ、コミュニケーション能力の神髄が現れるのである。

これは言い換えれば、失敗したときにあきらめず、「神対応するチャンス」と捉えられるかどうかも、最強のコミュニケーション能力を磨くうえで非常に重要なのである。

49 ディズニーレッスン Disney Lesson

失敗したときこそ、神対応を見せよう。

相手が困っているときにこそ、「相手の気持ちに寄り添うコミュニケーション能力」を発揮しよう。ディズニーランドでは印象の良い一言への配慮がなされ、泣いている子どもや困っているゲストに〝神対応〟することが重視される。

② コミュニケーションはストーリーが肝心

サイエンスをアートで語ろう

ディズニーランドはそのすべてが映画のストーリーを起点とした夢の国である。そして、そのキャストの間でのコミュニケーションの神髄も、その「ストーリーテリング」（ストーリーを語ること）にある。

数多くのキャストたちに必要な行動を促すためのディズニー式コミュニケーションの神髄を、ここで最後に香取氏に語っていただこう。

Interview

サイエンスをアートで語ろう——ディズニー式コミュニケーションの神髄

香取　僕は以前師匠から、**すばらしいリーダーとは、「徹底的なサイエンスをもってアートで語れる人なんだ」と教わった**んです。まさにディズニー時代の先輩たちがそうだったと思いました。先輩たちがサービスを語るとき、徹底的なサイエンスをもってアートで語っていたのです。

ムーギーマウス　ディズニーランドでは新人にお客様の気持ちを考えさせるときに、アートで語るという方法論をとるわけですね。

香取　はい。たとえば、一部のアトラクションにはスポンサー料をいただいてるんですけど、それって看板料なんですよ。列に並んでいる間に企業名の入った看板を何人が見るかで、広告宣伝費としてもらっているわけです。

たとえば1時間あたり3000人さばけるとしますよね。すると、スポンサー企業の看板を1時間3000人が見る。それを広告換算して、営業日数と絡めて、年間これぐらいの広告料をくださいとカウントするんです。それはスポンサー事業部が担当している。

僕らは、アトラクションの責任者だとすると、運営オペレーション側は3000人を乗せなきゃいけないんです。稼働率を100%にあげていかなければいけない。でも、お客さんの組み合わせもあって、2人で来てたり、3人で来てたりするから、空席が出るんです。これが埋められなかったりする。

これはお客様の事情なんで仕方ないのですが、僕らオペレーション側のミスで稼働率を下げてしまうこともあるんです。スポンサー側からしたら、「最近稼働率80%ぐらいに落ちてませんか？　それなのにこのスポンサー料、おかしくないですか？」と言われかねない。だから、スポンサー事業部としては稼働率100%が至上命題。僕らも「稼働率あげろ」と指示されます。

さらに**僕ら責任者はそれをキャストに指示するわけですが、そのときに今のような話**

スポンサーからこれだけお金をいただいている。だからミスをせず100%の稼働率にさせろって言ってはキャストもモチベーションがあがらないですよね。

をすると、キャストは冷めるわけです。

だからそれを〝アート〟で語る。

「みんなちょっと考えてくれ。アトラクションのクローズ間際に来るお客様っているよな。経験したことあるだろ？

それは乗せてあげたいけどルールだから乗せてあげられない。しょうがないね、じゃあ違うところ行こうって、子どもと一緒に去っていくお客さんの後ろ姿、見たことねえか？」って。

この寂しい後ろ姿、キャストならみんな見たことあるんです。

「ちょっと考えてみてくれ。お客様には絶対わからないことなんだけど、僕らのサインミスで、1分間に3台出発できるところが2台になった瞬間から、後ろの人の待ち時間は増えるんだ。この1分、もし僕らがサインミスをせず完璧なオペレーションをしていたとしたら、さっき断った人は、乗れたんじゃないか？

やっぱり最後の最後に一人でも多く乗れたほうがよくないか？　だから僕らは、サインミスをしないように、チームワークよくオペレーションしなければいけない」って語るわけです。これだとみんなに伝わるんです。

リーダーが目標数字とかを持たされているとき、それを現実的でリアルな数字でそのまま指示していくから、若い人には伝わらないと思うんですよ。キャストの立場からすると「そんなのあんたの都合じゃない」って。そう思われてしまったら、いくらリーダーに熱があっても下に伝播していかない。**ディズニーのうまいところはそれをお客様の視点を使って、アートで語るところ**なんですよ。

みんなの心を動かすために、こういう具体的なエピソードを先輩が話すんです。これはマニュアルではありません。

人間の感情を動かす熱だけは、人から人へしか伝わらない。文字や映像では伝わらない。熱は人から人へ伝わ

るもんだから、自分の情熱が大事なんです。だから情熱を持って毎日話せ、と言われます。僕もそれで育ってるから、それで火をつけられたんですね。

この香取氏の話を聞いて、自分が人に物事を伝えるとき、無味乾燥な数字やデータをつぶやいていないか、思い返してドキッとされた方もいらっしゃるのではなかろうか。

人を動かすためには、自分の都合に合わせたコミュニケーションではなく、相手の心の琴線に触れる話をしなければならない。

根拠のない話をアートだけで語るのも虚しいが、正しい話を無味乾燥に話しても絶対に伝わらない。人を動かすディズニー式コミュニケーションの神髄が〝サイエンスをアートで語る〟ことなのである。

50 ディズニーレッスン Disney Lesson

〝サイエンス〟を〝アート〟で語ろう。

ディズニーランドではキャストに何かを伝えるときも、無味乾燥に数字やデータを話すのではなく、感性に訴えるストーリーで伝えることが重視されている。

特別寄稿・最強のストーリーで、自分と世界を変える

私は今、このフィナーレとなるコラムを書く前に、再び歴代ディズニーストーリーを、ディズニー・ピクサー作品も含めて見直してみた。ディズニーランドのサービスの真骨頂であるストーリーテリングの神髄を語るために、私はすべてのディズニー映画を見直さなければ、本書を書き終える資格がないと自戒してきたのだ。

私は、それこそ「蒸気船ウィリー」に始まり、「三匹の子ぶた」や「白雪姫」「ピノキオ」「ダンボ」といった草創期から、「シンデレラ」「不思議の国のアリス」「ピーター・パン」「眠れる森の美女」「ジャングル・ブック」といったディズニークラシックからの名作、また2018年にオスカー2部門を受賞した「リメンバー・ミー」はもちろんのこと、ちょっと毛色の違う、女子高生と羽生結弦選手に大人気の「くまのプーさん」もきちんとすべて見てきた。

またディズニー映画にしてはかなりの駄作で、実はすべて見終えるのが苦痛だった「王様の剣」も頑張って見終えた。

80年代初頭の低調な作品の数々を見るにつけ、アイズナーの起こしたディズニー・ルネッサンス、とりわけ「リトル・マーメイド」「美女と野獣」「アラジン」、そして「ライオン・キング」の偉大なエンターテイメント性は、今もういちど見直しても胸が躍る思いである。

そしてこの**ディズニーのストーリーマジックは、ピクサーの買収で異次元の高みにのぼることとなった。これはディズニースタジオの再生を果たすのみならず、ピクサーのドル箱キャラにテーマパーク進出の機会も与え、極めてシナジーの大きなディールとなっている。**仮にピクサーがユニバーサルなどと組んでいたら、今のディズニーは大変なことになっていたであろう。

ピクサーとの協力で、ディズニーストーリーは無限のかなたへ

――"Infinity and Beyond"(バズ・ライトイヤーの名文句)

現在、ディズニーが持つ〝ストーリー力〟は、ピクサーを買収してディズニー社が自分自身を変えなければ、決して実現できなかったものである。

90年代中盤に「ポカホンタス」が出たころ、ピクサーが出した「トイ・ストーリー」の圧倒的な映像とストーリー性、感傷的な教訓に刺激的なキャラクター設定、高度なユーモアを見るにつけ、当時のディズニーがピクサーに大きく遅れをとっていたのは明白であった。

1999年に出された「トイ・ストーリー2」、2001年の「モンスターズ・インク」に至っては、私を楽しませるのみならず、涙をあふれさせるくらい感傷的で感動的な映画でもあった。

同時期にディズニーが出した「ムーラン」や「リロ・アンド・スティッチ」も興行的には健闘はしたが、両スタジオが生み出すアニメーション映画の質にはもはや埋められないほどの差が生じていた。この意味で、**アイズナーが去り、アイガーが現れ、ピクサーの買収にこぎつけたのは、これまでのディズニー社の歴史の中で最高の意思決定の一つであっ**

たように思われる。

その後のディズニー映画の躍進ぶりは、ご存じのとおりだ。2010年の「塔の上のラプンツェル」は、明らかにピクサーアニメ系の〝今風〟のオトナキャラだったし、映像美もピクサーそのものである。ピクサー買収後の最大の果実は、2013年の「アナと雪の女王」として結実する。その後も、毎年のように質の高いヒット作を連発してきた。

なお、2016年の「モアナと伝説の海」では、その約15年前に出された同じくアイランダーを扱った「リロ・アンド・スティッチ」と比較して、その映像および音楽のクオリティの差は、ディズニーによるピクサー買収の正しさをこのうえなく雄弁に証明している。2018年の「リメンバー・ミー」でもそうだが、特にこれでもかと言わんばかりの水の表現の美しさは「もはやこれ以上の映像技術革新は不可能では」と思わせるほどだ。

現在、ディズニーの映画は毎年のように大ヒットを続けており、この映画ストーリーのクオリティの急上昇と業績の躍進は、ピクサーとの協力がもたらした変化がなければ、なしえないものであった。

ストーリーの"ローカル化"と、ローカルスターの誕生

本書執筆開始時の問題意識に戻るが、ドラえもんなどの日本アニメにくらべ、**ディズニーストーリーが世界中で受け入れられる理由の一つが、ローカル市場に合わせたターゲット戦略の成功である。**もともとスティーブ・ジョブズは禅など東洋文化を好んで取り入れていた。ピクサー映画の中でもしばしば日本を思わせるものが登場する。「モンスターズ・インク」では寿司屋さんが登場するし、「トイ・ストーリー2」ではミスター・コニシが電話の声だけだが登場し、キャラクターも日本の博物館に送られるところであった。

2014年の「ベイマックス」では、その舞台は東京とサンフランシスコを混ぜ合わせた未来の架空の都市「サンフランソウキョウ」となった。巨大ディズニー市場を形成してきた日本なのだから、中国の「ムーラン」がつくられる前にもっと登場してもよさそうなものであったが、これはGDPの規模と市場成長性を鑑みた優先順位付けだったのだろうか。

思えば1998年の「ムーラン」は、かなり中国市場を意識したつくりになっていて、映画の中で〝チャイナ〟という国名が明確に何度も使われるのも異例の事態である。〝異民族のフン族から守る〟というストーリーも、中国市場受けしそうな物語だ。実際にその実写版が準備されていることを考えても、今後ディズニーはグローバル市場をローカルごとに攻略していくべく、各市場のヒーローとなりうるキャラクターを投入していくに違いない。

2018年3月から日本でも公開された「リメンバー・ミー」はラテンアメリカ文化の中で繰り広げられ、舞台となったメキシコで大ヒットをしたことからもローカル化戦略の重要性が見てとれる。

ディズニーは、各文化圏でのローカルヒーローを誕生させ、世界中のどのファンでも共感して熱狂できる、さまざまなキャラクター・ポートフォリオを形成しているのだ。**これは世界の多極化を反映した流れともいえよう。この〝グローバルな多様性〟を意識した作風は、名作「ズートピア」で、その最高潮を迎えたようにも思える。**

今後は、アフリカやインド、東南アジアのヒーローやヒロインもいずれ誕生していくことであろう。

ドラえもんとの違いは、結局どこにあったのか
——ディズニーストーリーの多様性と、顧客LTVの違い

本書を書き始めた2年前、本書の冒頭で私は「ドラえもんやアトムではなく、なぜこのミッキーだけが、巨大コングロマリットに成長することができたのか」という問いを立て、長期間にわたるディズニー研究の冒険に旅立った。

その長かった冒険がクライマックスに近づく今、**私なりに得た答えはずばり、幼少期から大人になってもゲストの忠誠心が高い、顧客のLTV（Life Time Value）の違いと、多様化する時代の変化への対応力にある。**

これを具体的にいえば、第1章で論じた創業者のビジョン、第2章で述べたシナジーあふれる総合戦略、第3章で述べたリーガルの強み、そして第4章で述べた人材戦略に加え、〝変化する力と多様性〟に尽きるのだ。

ディズニー映画は時代の風潮を反映して、大きく変わってきた。たとえば「白雪姫」と

「アナと雪の女王」を比べると、そのキャラクターの違いには隔世の感がある。実際、白雪姫やオーロラ姫は、実はほとんど寝ているだけのヒロインであった。たまたま出会った王子様がハンサムだから好きになり、その後魔女のせいで仮死状態並みの眠りについたかと思いきや、たまたま通りがかった白馬の王子様にキスされて復活という、いま思えば〝まったく参考にならない生き方〟なのである。

これに対し、1990年代中盤の「ポカホンタス」や「ムーラン」など、意志の強い男勝りの女性の活躍には、〝男性に守られる女性像〟からの脱却が見てとれる。さらに2010年代の主要ヒット作では、ラプンツェルやアナのように、女性が主体的に生きる設定にすっかり変化した。もし今、男性が窮地に陥った美しいが寝ているだけの女性を救うという設定のストーリーを放映すれば、女性人権団体から袋叩きにあってしまうことであろう。

ちなみに一昔前のディズニーストーリーでは喫煙シーンも当たり前であった。「不思議の国のアリス」にしても、セイウチは海の中であろうとタバコを吸っているし、「ピーター・パン」に至ってはあの子どもたちがタバコをくゆらせている。これに対して近年のディズニー映画では、主人公はもちろんのこと、サブキャラでさえ完全に禁煙状態である。

ディズニー映画は時代を反映し、着実に変化してきたのである。

これに対し、直近のドラえもん映画でも、良くも悪くもおなじみののび太とドラえもん、ジャイアン、スネ夫が、相変わらずしずかちゃんと地球をピンチから救出していた。

〝変わらない構図〟にこだわるドラえもんに対し、ディズニー映画では、変化する時代に対応した、新たなストーリーとキャラクターを育成してきた。

ここで重要なポイントは、ディズニー社はその映画のストーリーとキャラクターが多様性に富むため、嗜好が多極化する現代エンターテイメント市場においても、常に異なる市場セグメントごとに〝カテゴリーキラー〟のストーリーを有しているということである。

〝自分らしさ〟を守りながら成長していくディズニー

今後、ディズニーストーリーはどのような発展を遂げていくのであろうか？

ディズニーはその世界観に最強のこだわりを持つので、ＵＳＪのように外部からキティちゃんが来てそこで休んでいる、ミニオンだろうが何だろうが、はやりものはすべて迅速に取り入れる、という〝映画の設定に縛られない自由さ〟に関しては、制約があるのは確かだろう。

本書で再三登場していただいた香取氏や能登路教授にしても、USJの〝自由さ〟のメリットを異口同音に指摘している。しかも驚いたことに、ディズニーランドで働く多くの現役キャストに話を聞いても、〝ディズニーらしさ〟へのこだわりが〝自由な成長〟の足かせになっているという声が少なくなかったのだ。

しかしその反面、本書で論じてきたように、ディズニーの成長は、効率性を時に無視した、〝自分らしさ〟の追求に支えられてきた。今後、〝自由さ〟のUSJと、〝自分らしさ〟にこだわるディズニーの間のライバル競争は、どのように展開されるのだろうか?

普遍的なディズニーレッスンとは?

――「家族」「夢への挑戦」「本当の自分を知ること」の大切さ

私はディズニーストーリーの未来に関し、楽観的である。ディズニーは実際、さまざまな買収を通じて映画のストーリーにしてもディズニーランドでの登場キャラにしても大きな変貌を遂げてきた。

しかし**根本的に訴えるメッセージは愛、友情、勇気、自分らしさ、挑戦といった普遍的な共通性を保っており、今のところ〝ディズニーらしさ〟を守りながら、必要な変化も実現してきた。**

実際に直近の「リメンバー・ミー」でも、「家族の大切さ」と「機会をつかむための挑戦」という主題は、時代が変わってもどこの企業を買収しても不変の「ディズニーレッスン」の本質を確認させてくれた。このことがピクサーのキャラクターが、ディズニーランドにうまくなじんでいることのバックグラウンドストーリーであろう。

最後に赤面しながら白状すれば、実はディズニー映画で一番好きなのは、「美女と野獣」である。あの音楽の普遍的な美しさは、私が参加したさまざまな結婚式で演奏されていることが物語っているが、お気に入りはそれだけではない。

ベルは野獣の恐ろしい外見にもかかわらず、その中にある優しさを見いだした。そして野獣は自分の優しさをみてもらったとたん、不信が愛に代わり、自分の身を投げ出してべルを守るまでになった。
わが母ミセス・パンプキンのモデルともなったポット夫人が、ベルと野獣がダンスを踊るなかで歌っている歌詞に「Finding you can change　Learning you were wrong」という一節がある。

「自分の過ちに気づき、自分が変われることを知る」――さまざまなディズニーストーリーが私たちに語りかける教訓のうち、私が多くのゲストの皆さま方と共感したいのが**〝本当の自分〟を理解し、〝愛で自分が変われること〟を知る大切さである。**

ディズニーストーリーには私たちを勇気づけ、感動させる力がある。それは時代が変わり、自分が生きる環境が変わったとしても、夢に向かって挑戦を続け、自分が愛しているものを知り、そして愛する人に自分を知ってもらう大切さを思い出させてくれるからである。

おわりに

〈逆境に負けず勇気を持って前進する、51個目の〝ディズニーレッスン〟〉

本書では、ディズニーの歴史、起業家精神、戦略、法律・契約、そしてサービスという多様な側面から、ディズニーに学べる〝最強のディズニーレッスン〟の数々をともに学んできた。

50に及ぶディズニーレッスンとさまざまなミニコラムの中から、ゲスト（読者）の皆さまが、それぞれのインスピレーションと教訓を得られたことであろう。

2年の歳月をかけ、それこそ到底一人では書きあげられないディズニーの世界を舞台とした「夢の国のビジネス書」を、世界中の仲間キャラに助けられてともにつくりあげることができたことを、心から嬉しく思う。

本書をお読みくださった皆さまが、もしもう一つの自分なりの〝ディズニーレッスン〟

をあげるとすれば、どのようなものだろうか？　そのアンケートを www.moogwi.com で募集しているので、ぜひゲストの皆さまの声を聴かせていただきたい。

この〝最強のディズニーレッスン〟を振り返って私自身が51個目のディズニーレッスンを考えたとき、私の心の中に真っ先に浮かぶのが、〝逆境においても、自分を信じて仲間と一緒に頑張る勇気〟の大切さである。

ディズニーの壮大な冒険は、第1章でともに学んだ、ウォルト・ディズニー自身の苦境に満ちた少年時代に始まった。彼は何度挫折しても何度会社を倒産させても、そしてオズワルドを失っても、何度も起き上がって、世界に冠たる夢の国をつくりあげた。そしてウォルトの夢の国は無限に成長を続け、そのバトンは次の世代に脈々と受け継がれている。

思えばほぼすべてのディズニー映画で、主人公は大きな失敗をし、挫折を味わい、悲嘆にくれるときがある。しかし**挫折の中で常に、自分を助けてくれる仲間に出会い、自分らしさを取り戻し、新しい世界に向けて勇気を持って冒険を続けるのが、私たちを勇気づけてくれる、ディズニーストーリーの神髄ではなかろうか。**

第2章でもディズニーは苦境に陥るたびに、逆境に負けないリーダーが現れ、窮地からディズニーを救っていった。またディズニーを追放され、ピクサーで頭角を現し、ディズニーに出戻りヒット作を連発してディズニーの窮地を救ったラセターのストーリーにも勇気づけられたことだろう。

第3章でも、ディズニーは交渉に失敗し、契約に失敗し、さまざまなものを失いながらも失敗に学んで立ちあがってきた。時に不正を告発するのは勇気がいることで、嘘をつく誘惑にも誰しもがかられるものである。

また実は、本書の執筆者はそれぞれが、片田舎から出てきて頑張って、夢の国にたどり着いた人たちでもある。特に第3章を執筆したドナルド楠田自身、昔はディズニーランドに入れてもらえなかった駐車場のバイトさんから、夢の国を法的な観点から語るまでに成長を遂げた苦労人である。ドナルド楠田がその昔、テレビ局のADとしてこき使われ、打ち上げ花火を発射されながら笑顔で耐えたその日々を知るだけに、その後のグローバルな活躍ぶりに、私は心を強く揺さぶられた。この場を借りて、ドナルド楠田、ミニー麻衣子および執筆チーム一同に心から感謝したい。

第4章のサービスをめぐる章では、モチベーションの高い組織をつくるために、仲間を大切にし感謝することの重要性を私たちは学んだ。**仲間はビジョンを合わせてきちんと選ばなければならないし、一度一緒に頑張ると決めたなら、相手を大切にし、尊重し、ほめてモチベーションを高めなければならない。**そして自分自身が最高水準にこだわるからこそ、一緒に働く仲間もモチベーションを高めて頑張ってくれるのである。

ここでは、自他ともに認める〝どうしようもなく非常識〟だったのに、ディズニーランドでの勤務経験を通じて自分を変え、今では全国講演にかけまわる香取貴信氏のストーリーも、氏への感謝とともに胸に刻んでおきたい。また、本書を通じて極めて貴重な助言をくださった、東京大学名誉教授の能登路雅子氏にも心から感謝をささげたい。そして今回すばらしい最高水準のイラストを提供してくれたサトウイモ・デラクルス氏、またイメージどおりの細部にこだわったデザインを提供してくれたジャスミン原田こと、原田恵都子氏にも心より感謝を贈りたい。

なお、末筆ながら本書の陰の隠れたもう一人の主人公、本書の冒頭に登場してきた、編集者のウォルト中野こと、三五館シンシャのウォルト中野社長にも特別の感謝を贈りたい。ウォルト中野さんは実に2年以上前、三五館という小さな出版社の編集者として私を訪ねてきて、ジョコビッチの翻訳本が売れたことなどを力説しながら、〝われわれは怪しい者ではありません〟と再三強調していたのが、われわれにひときわ怪しい印象を与えていたものである。

その後2年間にわたって陰に陽に粉骨砕身、〝最強のディズニーレッスン〟を学ぶための調査を全力でサポートしてくださったのだが、**なんと出版を控えた2017年の秋に、三五館が突然倒産してしまったのだ。これまで何度か冗談で「三五館、大丈夫ですか?」などと茶化していたのだが、本当にその日が訪れてしまったのだ。**

しかしウォルト中野さん曰く、再度一人で出版社を立ち上げてこの本を実現させたい、引き続き本書を担当させてほしい、そして新会社にも三五館の名前をつけたい、と私に訴えてきたのだ。

長い時間を経て、ウォルト中野の人柄に信頼を寄せていた私は「わかりました。一緒に続けましょう。ただ再度会社を興すなら、倒産した会社の名前でなく、それこそ〝夢の国出版社〟とか、新しい名前でやったほうがいいですよ」と〝助言〟をしたのだが、頑として〝三五館〟を使いつづけると言って譲らない。

その理由を聞いたところ、自分が20年前の就活のとき、出版社を何十社も受けて、全部落とされたのに、三五館の社長だけが自分を拾ってくれたことに強く恩義を感じていること、ここで倒産してしまっても会社の名前だけは残したいこと、そして三五館で学んだ〝売れても変な本だけは絶対に出さない〟という信義を貫きたいということを、いつになく真剣な眼差しで私に熱く語りかけてくるのだ。

結果、〝三五館シンシャ〟という社名で本当に再出発したのだが、〝シンシャ〟には、倒産で迷惑をかけた人々に〝深く謝罪〟し、支えてくれた人に〝深く感謝〟の二つの気持ちがこもっているのだという。私はこの話を聞いて、どんなことがあっても、三五館シンシャの新たな門出を応援したいと強く思った次第である。

このドライでビジネスライクな人間関係が増えているご時世に、これほど義理人情に篤い人が、会社の倒産という挫折を乗り越えて、再度、挑戦しようとしている。私はそこに、ウォルトの人生とディズニー映画の主人公たちの、〃挫折から立ち上がる強さと勇気〃を見たのだ。そしてそれこそが、**本書『最強のディズニーレッスン』が、三五館シンシャの出版物第一号としてもっともふさわしい理由である。**

私が2年間に及ぶこの〃最強のディズニーレッスン〃をめぐる長大な冒険から学んだ51個目の教訓は、〃逆境にめげず、勇気を持って、仲間を大切にして夢を見ること〃の大切さに尽きる。

本書が〃ゲストの皆さま〃を少しでも勇気づけ、ゲストの皆さまの〃人生という長くエキサイティングな冒険〃の友人として、楽しい人生を歩むお伴にしていただければ幸いだ。

最後に、ウォルト・ディズニーの言葉を引用して、終えたいと思う。

ウォルトはフロリダのディズニーランドが完成する前、１９６６年に65歳の若さで〃永遠の冒険〃に旅立つ前に、次の言葉を残したという。

All our dreams can come true, if we have the courage to pursue them. I only hope that we don't lose sight of one thing – that it was all started by a mouse.

夢を求めつづける勇気さえあれば、叶えることができる。決して忘れないでほしい、すべて一匹のねずみから始まったということを。

本書をお読みくださったゲストの皆さまの人生が、明るく楽しい夢と、挫折に負けない勇気あふれる大冒険になりますように。

ムーギー・キム

おもな参考文献

『ディズニーランドという聖地』能登路雅子著、岩波新書
『ウォルト・ディズニー 創造と冒険の生涯 完全復刻版』ボブ・トマス著、玉置悦子、能登路雅子訳、講談社
『社会人として大切なことはみんなディズニーランドで教わった』香取貴信著、こう書房
『闇の王子ディズニー』マーク・エリオット著、古賀林幸訳、草思社
『創造の狂気 ウォルト・ディズニー』ニール・ガブラー著、中谷和男訳、ダイヤモンド
『ディズニーリゾートの経済学』粟田房穂著、東洋経済新報社
『ディズニー7つの法則 新装版』トム・コネラン著、仁平和夫訳、日経BP社
『ピクサー流 創造するちから』エイミー・ワラス、エド・キャットムル著、石原薫訳、ダイヤモンド社
『新ディズニーランドの空間科学』山口有次著、学文社
『ディズニー そうじの神様が教えてくれたこと』鎌田洋著、ソフトバンククリエイティブ
『9割がバイトでも最高のスタッフに育つディズニーの教え方』福島文二郎著、中経出版
『ディズニーランド深層心理研究』富田隆著、こう書房
『日本人の法意識』川島武宜著、岩波新書
マイケル・アイズナー「ディズニー・マジック：『創造する組織』のマネジメント」DIAMOND ハーバード・ビジネス・レビュー（2000年6・7月号）
【バロンズ】謙虚な人柄のアイガーCEOが米ディズニーを立て直すまで」WSJ日本版（2011）
週刊ダイヤモンド編集部「米ウォルト・ディズニー・カンパニー最高経営責任者（CEO）ロバート・アイガー どこにいてもディズニーに触れられる世界を創りたい」ダイヤモンドオンライン（2013）
「ウォルト・ディズニー：伝統を守り、伝統を壊す 成長企業のリーダーは進化を追求し続ける」DIAMOND

ハーバード・ビジネス・レビュー（２０１１年12月号）
増田弘通「なぜルーカスフィルムを買収したのか〝放送事業者〟としてのディズニー」東洋経済オンライン（２０１２）
週刊ダイヤモンド編集部「米ウォルト・ディズニー・カンパニー最高経営責任者（ＣＥＯ）ロバート・アイガーどこにいてもディズニーに触れられる世界を創りたい」ダイヤモンドオンライン（２０１３）
並木厚憲「ディズニーの基本は90年間変わっていない 10年ぶり来日のアイガーＣＥＯが語るディズニーの奥義」東洋経済オンライン（２０１３）
並木厚憲「戦略は価値観に従う」DIAMOND ハーバード・ビジネス・レビュー（２０１３年11月号）
瀧口範子「ディズニーアニメ立役者の「大逆転」人生ディズニーをクビ→ジョブズの下で大復活！」東洋経済オンライン（２０１４）
アレックス・ザバヴァ、前島直紀「複数の項目の関係を示す「ダイアグラム」60年前にディズニーが描いた秀逸な戦略図」日経ビッグデータ（２０１５）
Weinberger, Matt「ディズニーが積極的にスタートアップ企業と協力する理由」ニューズピックス（２０１５）
渡辺幹「ディズニー映画を凌駕！ジョブズが作ったピクサーの「チーム力」」ダイヤモンドオンライン（２０１６）
「『ファインディング・ドリー』が参考にした「モントレーベイ水族館」って?」cinemaafe.net（２０１６）
「ディズニー最新作『ズートピア』観客の心をとらえる物語はどうやって生まれた?」ぴあ映画生活（２０１６）
「ディズニー、傑作を生む哲学「ストーリーこそ王」 脚本完成には最低2〜3年」映画.com
「『白雪姫 MovieNEX』アニメーターたちの制作秘話」

「ヒューマン・ライツ・キャンペーン（ＨＲＣ）がＬＧＢＴフレンドリーな企業リスト２０１７を発表」secretbox
「ウォルト・ディズニー・ジャパン社長が語る　無敵のチーム力「80:20 の法則」」Forbes Japan（２０１５）
櫻井恵里子「ディズニーパークの心くばりはここまで凄い どの職場にも通じるコミュニケーションの妙」東洋経済オンライン（２０１６）
「米ディズニー、結婚後も働きやすい職場環境　日本人女性スタッフに聞いた〈米アニメーション・スタジオ取材 Vol. ６〉」モデルプレス（２０１６）
日立世界ふしぎ発見「ヒロインたちに秘められた ウォルト・ディズニー　魔法の秘密」ＴＢＳテレビ（２０１４年６月14日）
日立世界ふしぎ発見「開園60周年ディズニーランド成功の魔法」ＴＢＳテレビ（２０１５年７月11日）
ＺＩＰ！「３ＳＴＡＲＳディズニー魔法の秘密」日本テレビ（２０１６年７月19日）
ディズニー公式 YouTube チャンネル「オズワルド・ザ・ラッキー・ラビット 紹介映像」
「卒業記念のミッキーマウスプールの絵著作権違反ディズニー力作を塗りつぶさせる」産経新聞（１９８７年７月10日）
Rukstad, Michael G., David J. Collis, and Tyrell Levine. “Walt Disney Company, The Entertainment King.” Harvard Business School Case 701-035, March 2001.（Revised January 2009.）
Fry, Elika（2016）“The Oldest Fortune 500 Company Was Founded By Alexander Hamilton”
Goodburn,　Mark（2015）“What is the life expectancy of your company?”
James, Jeff（2014）“Leadership Lessons From Walt Disney: How To Inspire Your Team”
Zenger, Todd（2013）“The Disney Recipe”
Howes, Lewis（2012）“20 Lessons from Walt Disney on Entrepreneurship, Innovation and Chasing

Your Dreams"

Gluck, Keith (2012) "Selling Mickey: The Rise of Disney Marketing"

Miller, Greg (2001) "Disney to Shut Down Go.com, Lay Off 400"

Schiffman, Betsy (2000) "Disney Abandons InfoSeek Brand"

Sulla-Heffinger, Anthony (2012) "Oswald the Lucky Rabbit makes triumphant return in Disney's Epic Mickey 2"

King, Susan and Boucher, Geoff (2010) "Oswald the Rabbit returns: Walt Disney's lost bunny hops into 21st century"

BBC NEWS "Could Oswald the Lucky Rabbit have been bigger than Mickey?"

Ingram, Mathew (2016) "The Best Protection Against Disruption Is a Great Story, Says Disney's CEO"

Krantz, Matt (2015) "Disney's best CEOs make investors very happy"

Lev-ram, Michael (2014), "Disney CEO Bob Iger's empire of Tech"

HRTSvideo "(HRTS) A Conversation with Robert Iger 2013"

Bloomberg "Disney's Bob Iger on 'Star Wars,' ESPN, and China"

Vanity Fair "Bob Iger and Marc Andreessen Bridge Hollywood and Silicon Valley - FULL CONVERSATION"

USC "Bob Iger and Graydon Carter discuss managing media in the digital age"

Greelish, David (2013) "Is there a Walt Disney-Steve Jobs connection?"

Reisinger, Don (2012) "Tim Cook: Steve Jobs told me to 'just do what's right'"

Blodget, Henry (2011) "STEVE JOBS TO TIM COOK: Don't Do What I Would Do--Just Do What's Right"

Burns, Will（2015）"Disney Proves That Profitable Marketing Is About Brand Stories"
Lev-ram, Michael（2014）,"14 iconic milestones of Disney innovation"
"The Birds, Beasts, and Beauty of Disney's Audio-Animatronics Characters"
"The Walt Disney Family Museum MULTIPLANE EDUCATOR GUIDE"
Andrew, Stanton "The clues to a great story"Filmed February 2012 at TED2012
"The Walt Disney Company Fiscal Year 2015 Annual Financial Report And Shareholder Letter"
"The Walt Disney Company Reports Fourth Quarter and Full Year Earnings for Fiscal 2016"
The Walt Disney Company（Japan）Ltd.,（2014）『Corporate Profile 会社案内 2014』
Walt Disney Archives "Disney History"

＊紙幅の関係上、主要なものに絞って掲載していますが、本書の執筆にあたってはそのほか多数のディズニー映画、ドキュメンタリー番組、新聞・雑誌記事、ウェブサイト、英字論文なども参考にさせていただきました。

Fin
OXFORD
最強の働き方

ムーギー・キム　Moogwi Kim（ムーギーマウス）

INSEAD にて MBA（経営学修士）を取得。外資系金融機関の投資銀行部門、外資系コンサルティングファーム、外資資産運用会社での投資アナリストを歴任した後、香港に移り、アジア一帯のプライベートエクイティファンド投資に従事。フランス、シンガポール、中国での留学を経て、大手バイアウトファンドに勤務。現在はシンガポールを拠点に、世界中のベンチャー企業の投資・支援を行なっている。英語・中国語・韓国語・日本語を操る。日本で最も影響力のあるベストセラー・ビジネス作家としても知られ、著書『世界中のエリートの働き方を１冊にまとめてみた』『最強の働き方』（ともに東洋経済新報社）、『一流の育て方』（ダイヤモンド社）はすべてベストセラーとなり、６カ国語で展開、50 万部を突破している。近著に『最強の生産性革命』（竹中平蔵氏との共著、PHP 研究所）、『最強の健康法』（SB クリエイティブ）がある。東京ディズニーランド開園時に来園以来、35 年のディズニーファン歴を誇り、ディズニーとビジネスをテーマにした講演も多数こなす。本書の執筆を機に、グローバル・ディズニー研究所を（夢の中で）設立。ディズニーファンを集めてディズニーの神髄を議論する「最強のディズニーサミット」を開催予定。泣いたディズニー映画は、「ダンボ」「美女と野獣」「リメンバー・ミー」。好きなタイプはベルからポカホンタスと多岐にわたる。

【公式 HP】https://www.moogwi.com/

プロジェクト・ディズニー

山田麻衣子　Maiko Yamada（ミニー麻衣子）

ハーバード・ビジネススクールにて、MBA（経営学修士）を取得。外資系コンサルティングファームを経て、外資系小売大手にて、商品から事業、全社レベルまでさまざまな分析および戦略の立案・実行に携わる。幼少期、ディズニー好きの両親の影響でディズニー映画に出合い、手描きアニメーションの柔らかな動きと音楽に魅了されて以来の熱烈なディズニーファン。コンサルティングファーム時代は、ディズニー関連のケーススタディやプロジェクトにも数多く携わる。好きな映画は、「くまのプーさん」。好きなタイプも、プーさん。

楠田真士　Shinji Kusuda（ドナルド楠田）

オックスフォード大学ロースクールおよびビジネススクール修士課程修了。ハリウッドやシリコンバレーの、ディズニー社を含めた名だたるエンターテイメント企業やテクノロジー企業等を顧客とする米国西海岸の大手法律事務所の弁護士。外資系投資銀行で M&A 業務に携わった経験もありファイナンスへの造詣も深い。一方、学生時代にはディズニーシーの駐車場でアルバイトの経験があり、夢の国への憧憬も深い。「モンスターズ・インク」や「トイ・ストーリー」などのピクサーアニメをこよなく愛する。好きなタイプは、アリエル。

最強のディズニーレッスン

二〇一八年　四月一五日　初版発行

著　者　ムーギー・キム&プロジェクト・ディズニー

発行者　中野長武

発行所　株式会社三五館《さんごかん》シンシャ
〒101-0052
東京都千代田区神田小川町2-8　進盛ビル5F
電話　03-4400-2152
http://www.sangokan.com/

発　売　フォレスト出版株式会社
〒162-0824
東京都新宿区揚場町2-18　白宝ビル5F
電話　03-5229-5750
https://www.forestpub.co.jp/

印刷・製本　中央精版印刷株式会社

ISBN978-4-89451-894-0

最強の
ディズニーレッスン

読者の方に限り
特別プレゼント
ここでしか手に入らない貴重な情報です。

ディズニーレッスン特別編
未公開原稿

（PDF ファイル）

著者・ムーギー・キムさんより

ディズニーに対して過激かつ愛がありすぎて、本書では掲載できなかった「未公開原稿」をご用意しました。ディズニーサービスについて7つの提言が展開されており、あらゆる業界に通用する内容になっています。本書の読者限定の無料プレゼントです。本書と併せてこの特典を手に入れて、ぜひあなたの人生、ビジネスにお役立てください。

特別プレゼントはこちらから無料ダウンロードできます↓

http://frstp.jp/35disney

※特別プレゼントはWeb上で公開するものであり、小冊子・DVDなどをお送りするものではありません。
※上記無料プレゼントのご提供は予告なく終了となる場合がございます。あらかじめご了承ください。
※当プレゼントの配信はフォレスト出版が代行いたします。プレゼントのお申込みには、フォレスト出版が管理・運営するシステムへメールアドレスの登録が必要となります。